北京电影学院视听传媒专业系列教材

综艺节目制作基础

曹畅 著

浙江摄影出版社
全国百佳图书出版单位

本书系“本科教学质量提高教学研究项目——视听传媒学院教材建设（一期）”成果之一

编者的话

新媒体时代的来临，促使影像艺术创作发生自主转型。这种转型与时代发展、媒介变革和人文进步等密切相关，既体现出新媒体新的内涵，又将时代与人物命运的议题摆在我们面前。人类发展离不开媒介，人类借助媒介交流信息、启发思考，推进文明。新媒体的常态化，促使人们之间信息、情感交流变得更为便捷、交互和细化。人类，逐渐走向新媒介生存的场域之中。

站在这个全新的场域中，我们倍感欣喜地认知他者、社会和自我。时代赋予我们认知的权利，媒介赋予我们认知的能力，而影像，更是成为新媒体时代人们日常交流的工具。视听新媒体的诞生加速了人类文明的进程，短视频、网络直播、自媒体等新形态的出现，为艺术创作提供了一种全新的思路；传统电影的新媒体化转型，表明了电影艺术在新媒体时代有了较好的适应力；更为广阔的受众群体的转型，更是体现出大众文化和流行文化等多元文化的发展对人类产生的深刻影响……我们生活在美好的新时代，展望多元的新媒介发展，带着欣喜，带着渴望，更带着教育工作者的责任！

二十多年前，我曾与浙江摄影出版社合作，主编《北京电影学院摄影专业系列教材》。至今，全国各高校依然在使用这套教材。在二十多年后的今天，有幸再次与浙江摄影出版社合作，主编这套《北京电影学院视听传媒专业系列教材》。本套教材，尚属国内首批视听传媒专业教材，教材的出版，将有益于当今中国高校视听传媒专业教育的发展，对各高校创建视听传媒专业无疑是雪中送炭。

在此，要特别感谢各位编委，正是因为大家的辛勤努力，才有了本套教材的问世。

感谢浙江摄影出版社几十年来对我们工作的支持与帮助。当然，此套教材在编写与出版过程中难免会有不完善之处，敬请各位老师、同学和读者谅解，我们会在今后的工作中加以完善和改进。

谢谢！

宿志刚

北京电影学院视听传媒学院院长

2021年4月

目　录

第一章
策 划

1

随着科技信息化技术的飞速发展，综艺节目的形态和类型也发生了巨大变化。综艺节目经历了几个发展阶段——文艺节目时期，电视真人秀时期、网络综艺节目时期，以及新媒体多屏联动时期。综艺节目是当下视听内容的重要组成部分，也被各大平台视为收视率、点击率和市场份额占有率最具竞争优势的争夺者。由于信息时代的发展以及制播技术的提升，综艺节目由于自身特点，逐渐发展成当下电视和网络节目的主体，节目形式也在不断创新，并且得到各个年龄层受众的喜爱。综艺节目经过几十年的发展，节目形态已经日趋成熟，全新的综艺节目不仅掀起了收视狂潮，更为节目制作方和播出机构赢得了前所未有的回报。综艺节目市场迎来了一个全新的时代。

策划，是综艺节目生产的第一步。

第一节　策划的要点

▼ 架构主题

一档优秀的综艺节目，在主题构思上应顺应时代的发展，看市场、看政策，紧跟时代步伐。一档节目确立了主题，就等于有了核心和灵魂，接下来的策划都是围绕主题来进行的。节目主题可以让观众明白这个节目到底是一档怎样的节目。主题要简短精练。

▼ 简单、直接、纯粹

一档优秀的综艺节目，节目设计一定是“简单、直接、纯粹”的。如《中国达人秀》的节目设计是：选手表演才艺，三位评委对其进行评价。简单的一句话就能体现出节目的核心设计，这就是“简单、直接、纯粹”。通常来说，节目环节的逻辑和规则设定得越多，节目形式包装得越复杂，可看性往往越低。

▼ 执行力和预算概念

策划一档节目，要具备执行力和预算概念。当然，这种能力和素质是要经过长时间的实践和经验积累的。制订节目策划方案只是节目制作流程中的第一步。一个节目创意，往往要形成节目方案、招商、确认平台、前期筹备、策划、统筹、艺人邀请、录制执行、后期制作、审片、修改、成片入库等一系列完整的制作流程。节目策划只是整个节目制作过程中的一个环节。策划时，每个人都有自己的想法，也经常会有灵感，但我们需要全面辩证地看待这个灵感。一些行业新人刚接触节目策划时缺乏经验，许多想法可谓天马行空，但是缺乏可行性。需要强调的是，策划节目除了有好点子，还要考虑节目的执行力和项目预算，从而对节目策划做出科学和理性的判断。

▼ 后期思维

综艺节目的视听效果很大程度上依靠后期制作，通过对前期现场拍摄的画面进行二次编辑，重新组合新的故事线。后期制作是整个节目创作中必不可少的环节，对于不同的节目而言，其职责和功效也有差异。经过后期审慎打磨的综艺节目，往往更容易赢得观众的青睐。基于此，当下业界在预判一档综艺节目能否成功时，常常有“三分靠内容，七分靠后期”的说法。虽然这种说法略显夸张，但凸显了后期制作对综艺节目成功与否的重要性，也推升了后期制作角色和功能的变化。所以，我们在前期策划阶段，就要具备后期思维，提前准备后期制作方案，把后期创作的思路融入前期方案策划之中。

第二节　节目策划的成功要素

一档成功的综艺节目，通常都具备以下要素：

悬 念

一档成功的综艺节目，重要的一点就是一定要能够引发观众的好奇心，也就是悬念的设置。在综艺节目中，我们经常能看到节目花字或者字幕写着“然后呢……”或者“接下来……”。这一类花字或字幕向观众提示这个节目的发展走向，能够制造悬念，从而引发观众好奇心，保持观赏兴趣。

人物设定

我们在开策划会讨论策划方案的时候，人物设定方面也是其中重点关注的内容。人物设定的好坏决定这个节目有没有“综艺感”，以及在录制期间人物的反应会不会有意外的收获。当然，这也需要导演组在策划阶段做大量的人物调研工作，充分了解艺人或素人的人物性格、背景故事等，这样才能在策划节目时做出合理的选择。

用户黏性

策划的目的是制作一档优秀的综艺节目，从而收获良好的口碑，达到理想的收视率或点击率。因此，让观众对节目保持关注是策划成功的基础。要让观众养成观看某档综艺节目的习惯。一个固定观众较多的节目，从某种意义上说便是成功的。

通过以上分析，目的是让从业者树立一个节目策划的概念。当我们面对一档节目时，先要学会从专业视角去分析和把握。当你有了这个能力，也就初步具备了担任一名节目导演的要求。

【思考题】

任选一档节目，分析该节目的主题是什么。

第二章 选 题

2

做一档节目，在经历了策划环节之后，第一步就是找选题。一个好的选题是做成一档好节目的基础。在这一章里，我们着重来谈谈如何寻找节目选题。

首先，认识一下选题：选题是什么？其次，选题的标准是什么？说到选题，可能每个了解综艺节目的人都有一个关于选题的概念。往往在进入节目组之后接到的第一个任务就是找选题。那么，什么样的选题才是一个好选题？选题搜索以及报选题的方法都有哪些？假如你找到了一个好的选题，或者找到一个一般的选题，那么怎样把它包装出来，再把这个选题讲出来？其实，报选题的过程就是讲故事的过程。

中央电视台一套的《挑战不可能》是一档大型励志挑战竞技类节目，里面有很多超级挑战者；《欢乐中国人》则是一个讲素人的故事，用舞台表演的形式把素人的故事展现出来，再加上访谈部分。这也是一个要找选题，要靠选题支撑的节目。《了不起的挑战》，是由中央电视台创作、灿星制作与韩国的《无限挑战》的PD团队一起完成的一档关于明星挑战类节目，这个节目里也有大量的选题。还有一档节目中央电视台一套《故事里的中国》，选择中华人民共和国成立以来涌现的优秀文艺作品，请嘉宾以话剧舞台影视化的方式加以呈现……当你遇到很多作品的时候，你要请哪些嘉宾来，以何种方式让他们表达自己，这些都是选题策划的方向。

第一节　选题是什么

一档综艺节目和一档真人秀，核心看点就是关于人的故事。选手资源就是我们所说的“选题”。作为一个刚入行，刚进入节目组的实习生，想要了解一个节目的最好方式，或者说找一个什么样的选题，明白什么样的选题是最适合节目的，那就是看懂节目的策划方案，也就是我们常说的节目介绍PPT。这里面总会列一些选题的方向，它们一定是最能代表节目的气质和方向的。

《声入人心》是由湖南卫视制作的原创新形态声乐演唱节目。该节目在策划阶段以及整个构建过程中涵盖了很多内容。韩国也有类似形式的节目。在没有播出《声入人心》的时候，很多人对这个小众的音乐节目有自己的想法，所以在这档节目策划方案中，首先建构了一个声乐类节目会是下一个爆款的可能性，然后再介绍这档节目的赛制和模式。它其实是靠不停地积累选手之间声乐的能量来完成一个赛制的。选手资源其实就是这档节目的选题，《声入人心》对选手的特点定位是颜值高、唱功好，这就是这档节目的选题特点和方向。

不同的平台有不同的节目定位和需求，网络平台最关注的就是这个节目切中了哪一类社会痛点。优酷策划的一档节目《钢琴师》，是一个钢琴选秀类节目，其核心资源是郎朗。这档节目跟《声入人心》一样，也是小众的音乐类节目，主要选手年龄从 14 岁到 18 岁不等，学员人设其实就是选题。每个人都有自己的故事和成长经历，比如说“别人家的孩子”“未来的钢琴大师”；比如说某个选手弹奏技能有十分，但他痛恨钢琴。这里切入的是什么痛点？就是该选手是被逼着学钢琴，学了很久，但其实心里并不热爱，每天练习 12 个小时，属于刻苦型的；比如说某个选手的偶像是郎朗，这个选手就是跟导师直接有关的；比如有的选手热爱传统文化；比如说有的选手因为学钢琴走出了自闭症；比如有的选手精通各种乐器，是考取世界顶级音乐学院的天才型；比如有的选手看似普通，却屡屡创造奇迹，属于黑马型以及专注考级技巧类的；等等。这档节目在策划阶段一共考虑了十个人设，相当于是十个选题。这档节目如果先抛开赛制，就看这十个人，大概就能明白这个节目想要做成什么样了。所以说选题是一个节目的根本，在找选题之前要先看节目的策划方案。同样的，如果你想把一个节目介绍给其他人的话，只要先把你的选题拿出来，别人大概就了解这档节目的基本面貌和思路了。

东方卫视的《忘不了餐厅》在播出之前，许多人都觉得这是一个小众的分类，并没有对收视率抱有太大希望。但播出之后收获好评再重新去分析，才发现原来这个节目切中了一个社会痛点，就是大众关心养老和阿尔兹海默病。还有一档节目《心动的信号》成功的原因是什么呢？是因为它切中了现在年轻人之间情感关系里面非常重要又缺失的一个环节。如果你想做一档给年轻人看的节目的话，就要想想年轻人的心理和情感需求是什么，然后找到这个切入口。

选题是什么？可以总结出以下几点：选秀类的节目选题是什么？是人，和人的才艺类故事；挑战类的节目选题是什么？是人和他挑战类的故事。明星户外真人秀节目的选题是什么？是游戏规则吗？不是，是在这个游戏规则下总能激发他的反应和他的故事，也还是人的故事。访谈类的节目的选题是什么？是嘉宾和受访者的互动，也是关于人的故事。

《挑战不可能》里有几个项目是非常极致的，一个是西班牙叠人塔的挑战项目。在西班牙，这项世界纪录是九层人塔。当时的挑战项目是中国人要挑战西班牙传统的九层人塔，然后进行现场对传。第九层上去的必须是小朋友，因为怕底下的人撑不住。这个项目在西班牙是一个家族运动，一般长辈做基石，撑着青年人和小孩子往上爬。当时进行现场挑战的那个小朋友从上面摔下来，现场一片嘘声。很快，这个孩子做了简单的调整之后继续往上爬，最后登顶成功。这个项目是《挑战不可能》第一季的一个非常极致的项目。还有一个选题是阿尔卑斯山的挑战者在两座山峰间架起一条钢丝，挑战者从一座山峰沿钢丝走到另一座山峰，长镜头从两座山峰间直接推到挑战者的脸上……现场一片安静，只听到挑战者一步步往前走的声音，让人惊讶的是，他是蒙着眼接受挑战的，这是一个身体挑战类的项目。《挑战不可能》还有一些很好的选题，比如小女孩催眠小动物，还有自由下潜 130 米，挑战者在不戴任何氧气设备的情况下，一口气下潜到水下 130 米的深度。他是目前世界上唯一能完成该项目的人。还有一个项目是把一滴血稀释成四千万分之一，然后把它滴在一辆车里，让一只狗去闻在哪一辆车里……以上例子告诉我们，对于挑战类节目来说，什么样的选题是比较极致的。

还有一档比较有趣的节目叫《看我七十二变》，简单来说就是一个高校社团版的《超级变变变》。这档节目切中的痛点是关于高校学生人际交往的话题。给观众的看点是什么？是一去不复返的青春。怎样选择人物，怎样产生故事，这些全是选题。比如说人工智能社团，哪个社团能做这件事？有人工智能专业背景的学生社团可以做，比如哈尔滨工业大学机器人社团。比如说跨屏互动加购物，哪个社团能做这件事？那些涉及多媒体视觉的社团可以做。如果这样的社团有很多，那么这个选题成立的可能性就很大。还有某医学院有一个特别有意思的社团叫静坐俱乐部，这个社团成员在一起的活动就是做静坐冥想的，而静坐冥想是有助于身心健康的，他们提倡这个理念。以上所列选题都是真实有效的。

有一些情况比较特殊，节目里所有项目的选题都是提前定好的。比如《故事里的中国》中“永不消逝的电波”这集节目是在做节目策划时就已经确定了的，对导演来说，遇到这种大体量的节目，选题该怎么找呢？在这集节目的开始部分，主持人访谈的一位女士就是1958年电影版《永不消逝的电波》的女主角袁霞老师。这一集节目一共有三个选题，袁霞老师是第一个选题。第二个选题是谁呢？是一位体型偏胖的男士，他是“永不消逝的电波”里一位烈士的孙子，他的爷爷就是电影里“李霞”的原型李白。最关键的是第三个选题……这个项目为什么能成立，放在第一期播出？对导演来说，不同的导演接到同样一个项目，他要选择不同的人物，讲不同的故事。《永不消逝的电波》这一期，有一个王炸的组合效应，既有好的明星、好的剧本和好的原型故事，也有像袁霞那么有质感的老人，以及烈士后代讲述他爷爷奶奶的故事。导演组的成功之处就在于找到了苏采青，因为前面都是常规化处理，只有苏采青对导演组来说是这个选题最重要的部分。她描述了当时怎样接到了李白烈士的信号，怎样给他回信等。

第二节　选题的标准

我们知道，做零售时有一个词叫作 Location，就是地点，要在人流量最多的地方做生意，没有客流量的地方做什么都是空谈。对于选题来说，也有一个词就是“极致”，我们把它拆分成三个维度。

第一个极致是这个人物是不是可感。上一节说到选题是什么，选题就是人，看这个人物是不是可感。《永不消逝的电波》这一期节目在网络平台播出后，所有的弹幕都在说：“这个老奶奶说话思维逻辑清晰”“你看走路都颤颤巍巍了，思维这么敏捷，而且还出口成章”……苏采青说话时的状态、神态、表情都非常好，排除她的身份不提，她是一个特别可感的人物，这个很重要。你选的人物再好，但不能把他的观点表达出来，对于节目来说便是失败的。

第二个极致是发生在这个人物身上的故事是不是极致。发生在苏采青身上的故事肯定是极致的。同样，如果是做一个挑战的项目，那么这个选题也要做到极致。

第三个极致，是指精神价值。前面两个极致很好理解，最后一个极致是指节目赋予的能量是不是极致的。再说苏采青，她讲到自己最后发那封电报时流下了眼泪，她身上有一股强大的精神力量。还有西班牙叠人塔的节目，那个人塔是以父辈为基础，托着下一代往上爬，给人一种感人的精神力量。比如《挑战不可能》中那个挑战 130 米自由潜项目，挑战者讲述的是关于他母亲的故事。他母亲也是一位资深潜水爱好者，但在潜水时发生了意外。所以挑战者说，他每一次潜入深海时都会想到他的母亲，这给他产生了两种动力：一是恐惧，二是勇气。观众从他身上感受到了一种强大的精神力量。所以，无论是历届国际获奖影片，还是当下主流媒体和网络平台的热播节目，最终打动观众的都是其精神内核。确实，一个选题如果缺乏打动人的正能量和精神内核，节目就会变得很单薄。

每当我们讨论一个选题的时候，都要在这三个维度里衡量一下这个选题是否达到了极致。比如苏采青这个故事没有什么可比性，因为她的故事不可复制，是历史的特殊性造成的。再比如挑战西班牙人塔这个项目，人塔比赛是个世界级挑战类项目，每年在西班牙都有来自全世界不同国家的三四十支队伍去参赛，那么"挑战不可能"导演组选择的是一支什么样的队伍呢？是四川绵阳一家纺织厂的员工，这家纺织厂类似家族产业，员工们从祖辈开始就是朋友。还有，四川绵阳曾发生过什么事情？——汶川地震。在这个选题里，人物、故事、精神力量这三维都达到了极致。《挑战不可能》经常会遇到的这种情况，即一个挑战项目是由很多人合作完成的，那么主持人或嘉宾先向谁问问题，怎么挑选这个人物呢？标准很简单：第一个，这个人物是不是最可爱的？第二个，他的技能是不是最佳的？第三个，他的故事，以及他身上赋予的精神能量是不是最好的？

策划选题还要具备一种精益求精的意识，在节目组里报一个选题，如果通过了，人物也定了，这时，还要问问自己："还能找到其他人吗？还有没有更好的选择？"有了这种不断追求的敬业态度，选题工作才会做得越来越好。

《欢乐中国人》讲的也是关于人的故事。在报选题阶段，就会经常遇到这样的选题：一个人收养了十几个孩子，她是个英雄妈妈，她受了很多苦，把他们养大成人，每个孩子长大后都很优秀……那么这个故事有什么问题吗？第一，这类故事实在是太多了，这就意味着什么？这意味这种题材、人物和故事具有同质性，缺少独特性，因此很难做到极致。如果非要做一个英雄妈妈的选题，那就从类似的选题里找一个人物最可感、故事最特别、精神力量最强大的选题。

还有一个例子,《欢乐中国人》中有一个项目叫“定制一生”,讲的是一对夫妻,他们在一起生活六七十年了,老先生一辈子都没有穿过买的衣服,他的衣服都是老太太做的,她从年轻时一直做到老。那么,这个项目在《欢乐中国人》里是怎么呈现的呢?那个老太太年轻时跟他在一起时就说:“我要给你做衣服。”到了中年,还给他做衣服,到了老年,老太太颤颤巍巍地说:“我做不动了,怎么办呢?我担心你啊……”老爷爷说:“我终于可以穿从外面买的衣服了。”结果到了 90 岁,老太太说:“我得多做几件,我要是走了的话,你就穿不到我做的衣服了……”这个故事看上去没有什么特别的,但它的极致在于老爷爷和老奶奶特别可爱。老爷爷 92 岁,老奶奶耳朵不太好,但跟老伴在一起时,眼睛永远是看着她老伴的,这是人物的极致。其次,这是一个极致的故事。做衣服的故事有很多,但在这个故事中,老先生一辈子没穿过买的衣服,这在所有做衣服表达爱的故事里是最极致的。最后,故事里蕴含着强大的精神力量,故事讲的是老一辈人的爱情。在节目播出的弹幕和热搜话题里,很多评论都表达了对故事的向往,也出现了要给爱人做一辈子衣服这种不太可能实现的诺言。但为什么会有这样的留言呢?因为这对老夫妻实现了,会让人觉得自己又一次相信了爱情,这个世界上真有这样的事情,我也可能遇到。这个故事充满了爱的精神力量,所以,它是很饱满的一个项目,也是一个标志性项目。

第三节 选题搜索的方法

前文我们分析了一个好选题的标准,找选题应按照极致的三个维度去选择。那么,我们应该怎么找选题呢?这里给同学们介绍一个简单方法,叫作“思维导图法”。思维导图的作用是帮你理清思路,它很像一个树状的列表,使用起来很方便。以《挑战不可能》这档节目为例,其选题思维导图里的第一个分类是人类、科技、创意、未来。人类的分类是身体器官,有眼、手、耳……我们可以把身体所有器官都分别列出。人类第一个是身体器官,第二个是运动极限。在每一个大的分类里,每当想到有什么可能的选题就加进去,比如大家喜欢和不喜欢的运动项目里有什么内容。这相当于列了一个总表，当总表完成以后，就很少有“漏网之鱼”了。比如说科技类别，先查一下现在前沿的科技是什么。《挑战不可能》里有一个项目，叫“脑电波操控小白鼠过迷宫”，是浙江大学生物工程系的几个研究生申请的一个国家项目，他们在小白鼠的脑内植入一个精神传导芯片，当小白鼠戴上这个脑电波传感器后，人们可以靠脑电波控制那个小白鼠走出迷宫。这个项目是怎样找到的呢？项目导演就是在前沿科技里看到了美国明尼苏达大学的一个新闻报道，是关于用脑电波控制猴子机械臂吃香蕉。项目导演发现明尼苏达大学这个教授是一个中国人，是从浙江大学毕业后去了明尼苏达大学的。项目导演到浙江大学找到生物工程系的博士研究生，从而开发了用脑电波控制小白鼠走迷宫的选题。

除了思维导图法，还有一个很简单的列表法，当你觉得这个项目可行时，就把所有你能找到的类似选题列在一张 Excel 表里，按照极致的三维标准进行降序排列。当你遇到一个更好的选题时，就把它排在第一位。如果最好的选题因某些原因实现不了，那么列表里的其他选题便可备选。《挑战不可能》中会有一些杂技类项目，如叠凳、钢丝骑行等，但是杂技类项目有很多人都可以做。当一名导演报了一个杂技类项目并通过以后，他会把全国所有杂技团都联系完，而且从中寻找形象最好、技能最好、最有故事性的人。因此，做一个项目，你一定要问问自己，我能不能把这个项目做到极致。

音乐选秀类的节目比如《声入人心》《中国好声音》的导演手中也掌握着一些优秀选手的资源。为了争取优秀的选手，有些导演很早就开始跟进一些潜力选手，掌握这些年轻选手的资源，甚至能拿到这些选手就读音乐学院班主任的联系电话。因为这类音乐选秀节目几乎年年都要做，只要选手到了一定年纪就可以参加节目了。导演提早关注选手，还可从中了解选手的成长故事。一个成熟的导演在找选题时会说他找了个故事，而且这个故事是类似故事中最好的，如果节目组不做这个选题的话，这类故事都不用做了。找选题就得有这样的底气才行。当然，要具备这样的底气，需要前期做大量的选题搜索和删选，力求把选题的三个维度的极致完美地呈现出来。所以，一档节目如果选题找得好，节目就已经成功一半了。

从实习生锻炼成长为一个真正的节目导演，对选题把控的训练是非常必要和基础的。对于以后有志从事综艺节目制作的学生来说，一定要适应这种对选题苛刻的要求，直到没有更好的选择，这样的节目做出来才能达到极致。关于选题，导演组经常会这样做，比如一季节目最后会有一个盛典，将之前最好的一期选题拿出来分享，通常导演团队都会以盛典里有没有某导演的项目作为最终节目好坏的评判标准。假如有十个导演组，这十个导演组之间就会做比较。盛典里可能有十个项目，有的导演组可能是从上百个项目里选出来的，并且这个项目已经录制播出而且成功了，但是最终这全年盛典里只有几个项目是能留在观众印象中的。我们经常说："世界上最难的事情是什么，是把自己的思想装到别人的脑子里。"这是作为一名节目导演以后要做的事情，就是把自己的想法通过节目装到观众的脑子里。而第一步就是通过自己的选题来完成的。报选题是有个人取向的，比如有的导演永远不报任何身体类的选题，为什么呢？他觉得身体类选题没有什么挑战，比如说杂技类的，这不是他的喜好，他要的是极限，就是挑战人类在这个地球上所能做的极限，也就是之前所说的追求选题的极致。所以，这种导演可能会经常做出那种盛典中的项目。因此，要找好选题的第一步就是对自己有高要求。比如做美食类节目，先用思维导图，把所有类似的美食类节目全部列出来，然后进行比较、分析，了解哪个是层级高一些的，哪个是层级低一些的，做到心中有数，然后选择一个最靠谱的美食类选题，扪心自问：在这个选题中，人物是不是最可感的？故事是不是最好看的？精神价值是不是最极致的？节目播出后能不能留在观众的心中？

韩国的一些慢综艺比较轻视操作，但观众会发现节目组选的人物却非常好，故事也很别致。韩国的节目组会不停地去追寻这个节目创意是不是最好的，还有没有更好的创意。比如《了不起的挑战》中有一个项目是在重庆录制的，选题是挑山工，即乐嘉和沙溢体验挑山工那期。到了重庆以后，导演组二三十个人从一个点分开了，这些人分开后去找什么？去找所有棒棒工里最极致的人物。这时，之前所做的思维导图起作用了，棒棒工的分类有老人、女人，还有看上去很精瘦，其实很健壮的人，还有形象、性格反差较大的人……回顾那期节目我们发现，其中一个老人七十多岁了，白发苍苍，却能跟沙溢比掰手腕；还有一个女人看上去很瘦弱，却能挑很重的货物，乐嘉在后面完全跟不上；还有在节目中出现的一个素人，他叼着烟，扛着东西，拉着儿子往前走，观众既能感觉到他的潇洒，又能感觉到生活的不易。这些画面看上去都是随机发生的，所有环节看上去都是偶然遇到的。其实，最好的棒棒工的所有内容都是几十人的导演组在当地找了三天以后发现的，那个老人是所有老人中力气最大、长得最可爱、头发最白、表达能力最好的。但是表达最好不一定是说话特别利索的，而是最可爱的、最可感的。

第四节　报选题的方法

前面我们已经分析过如何寻找选题以及一个好选题的标准，那么找到了好选题后又该如何报选题呢？报选题没有具体的格式标准和要求，PPT 法和列表法是目前节目组报选题常用的两种方法。我建议首先采用 PPT 法报选题。用 PPT 法报选题能把你的核心思想全面呈现给对方。列表法，是把所有选题信息都集中列在一张 Excel 表里（如表 1–1、表 1–2）。

表 1–1　选题报表示例一

	组别	《XXX》第X季报题表
	报题人	
	序号	
	选手照片	
	视频编号	
	代号	

续 表

<table>
<tr><td></td><td colspan="2">选手姓名</td><td rowspan="14">《XXX》第X季报题表</td></tr>
<tr><td></td><td colspan="2">性别</td></tr>
<tr><td></td><td colspan="2">年龄</td></tr>
<tr><td></td><td colspan="2">现居地</td></tr>
<tr><td></td><td colspan="2">职业</td></tr>
<tr><td></td><td colspan="2">联系方式（如非选手本人，写明对接人）</td></tr>
<tr><td></td><td colspan="2">类型</td></tr>
<tr><td></td><td>才艺挑战（挑战项目）</td><td rowspan="2">选手故事情况</td></tr>
<tr><td></td><td>故事素材关键词（简要叙述故事等级：极致，好，一般，差）</td></tr>
<tr><td></td><td colspan="2">视频 / 链接</td></tr>
<tr><td></td><td>题材创新度</td><td rowspan="2">选手评级（导演组填写分三类：A—优 B—良 C—差）</td></tr>
<tr><td></td><td>项目高度</td></tr>
<tr><td></td><td colspan="2">领导意见</td></tr>
<tr><td></td><td colspan="2">备注</td></tr>
</table>

表 1-2　选题报表示例二

《XXX》第 X 季报题表		
序号		
组别		
报题人		
报题时间		
类型		
视频截图		
参加节目视频名称		
选手标签		
嘉宾信息	姓名	
	年龄	
	职业	
	所在地	
联系方式	电话	
	微信 /QQ	
	邮箱	
备注		

报选题其实是一个讲故事的过程。你报选题就是要说服别人，或者告诉别人什么事。选题 PPT 怎么做？这里有一个小技巧，PPT 选题申报前先说个小故事，这个故事要短小精彩，讲述时间勿超过一分钟。因为报选题时制片人可能已经听了上百个选题了，有耐性、脾气好一点的可能会听你说完，脾气差一点的，可能没等你说上两分钟，如果故事不精彩便会不耐烦了，如果故事讲得好，这个项目

就容易通过。比如《挑战不可能》中有个项目，桥吊司机挑战用港口上的桥吊踢足球射门。这个选题其实是很不起眼的，因为之前有很多导演组都报过类似选题，而且它是港口类“大比武”里的一个选题。那个导演是怎么报选题的呢？他先在屏幕上放了一张新闻图片，美国时任总统奥巴马在巨型桥吊前发表演说，演说内容是鼓励美国人多使用美国制造，桥吊上还贴了一面美国国旗（图 2–1）。这时，一阵风把那面国旗给吹掉了，上面露出了中国制造企业的名字（图 2–2）。

这位导演在报选题时讲到这里，说这是中国的骄傲！这是他放的第一张 PPT。他放的第二张 PPT 是什么呢？是一张《人民日报》刊登的新闻图片——中国桥吊。全世界最大的桥吊是中国制造的，全世界港口使用中国桥吊的比例是 90%。然后，

图 2–1 《挑战不可能》第二季 桥吊项目 1

图 2–2 《挑战不可能》第二季 桥吊项目 2

他再报了选题——“我们用桥吊踢足球射门”。因为故事讲得太好了，他的选题顺利通过。

当然，故事讲得好，选题也不一定都能成功，还要结合选题的可执行性。故事讲得太好，制片人那里通过了，但是选题却执行不下去，这样的选题也是不可行的。举一个案例，有一个选题叫“北京时间”。北京时间是从陕西天文台报出来的，陕西天文台有一个精确到万分之一秒的计时仪器，那个仪器会给全世界发布北京时间。这个选题是某人通过观看天空星星的位置变化去挑战仪器报时的精确度。在之前，北京时间是靠人工核算的，有一个机器在那儿算，但是也有一个人会对比着星空图来算北京时间，这个人就是专门看着星空图来核算机器有没有出问题。当时，这位导演找到了这个人，做的挑战项目就是看着星空说出北京时间。当时，导演讲这个故事，大家都觉得特别好，这个人的能力非常强，他甚至能看出几分几秒，秒数的差距在两秒之内。这个选题虽好，但是不符合《挑战不可能》的节目要求，在执行上存在一些不确定性。因此，故事讲得很好，但由于执行上的问题，选题还是没能通过。

在中央电视台、地方卫视和一些大的节目制作公司，用 PPT 报选题是“标配”。有些电视台和公司对报选题的方式不作要求，也可以口头报选题。但我建议初入行业的你，无论到哪里，这几个行业法宝都要学会使用，如做思维导图、PPT 和 Excel 表，而且你要把它拷在 U 盘里，做选题汇报方案时能随时为你所用。如果制片人看到一位导演，在报选题时手中有一份清晰的思维导图，再拿 PPT 说一个故事，最后拿 Excel 列出所有可能的选手，依次排名，备注详细的选手资料。这样做给人的印象是，这一定是一位成熟的导演在报选题，有了这种工作方式，就会在报选题的过程中从众多导演中脱颖而出。

【思考题】

结合一档节目，分析这档节目的选题标准是什么。

第三章
台　本

3

台本或者说脚本，就是综艺节目的“剧本”。做台本的目的就是要给节目组的所有工种看将要做哪些事情。通过做台本，你会发现很多问题。比如做一档美食类节目，要在台本里写明要找哪些食材，还要准备锅碗瓢盆等炊具。如果做一档户外节目，要在台本里写明准备衣食住行的各种要求……在做台本时，不但在内容方面需要确认，而且录制节目的具体细节也得通过台本来进行完善。就像做一个电影剧本，剧本定稿之后，所有工种都要根据剧本去开展自己的工作。

第一节　做节目为什么需要台本

将一个台本交给具体工种负责人时，台本上会列出具体工种需要的东西。比如把电视剧剧本交给服装部的话，服装部会根据剧本，把所有人物服装进行归类，然后列出来交给副导演；如果把剧本交给化妆和道具，他们就会根据剧本找出需要准备的物品。全部工种都是根据剧本进行准备工作的。做节目台本也一样，如果各工种比较齐全而且专业，那么把台本交给各部门时，各部门就可以开始工作了。一般小型节目组可能不会设置齐全的工种，一旦定好策划方案和选题后，节目组是需要通过一个方案计划来开展工作的，比如有人去准备道具，有人去邀请嘉宾，这个方案和计划就是台本。这里是指内容之外的部分，在内容之外，台本是所有人开展工作的一个依据。所以，要尽可能在拍摄前把台本做得细致、周到。因此，做台本是一个非常重要和必要的工作。

电影和电视剧都称剧本为一剧之本，做节目也一样。在一档节目里，你要邀请哪些嘉宾和素人以及剧组里的各个工种要做哪些工作，他们都需要台本。包括现在做节目的商务合作，也要台本，投资方需要根据台本来找到他能植入广告的点。投资方的钱花在哪里，他得看见哪里还能继续通过产品来推动情节，也是要根据台本来执行的。所以，台本中需要使用的商务点也要列出来。

做台本还跟预算有关。要保证在预算之内做完一档节目，是很不容易的。怎样在预算范围内把节目做出来，也需要台本进行预算和控制。有的人预想很完美，但到执行时，却没办法落实。如果把台本做得足够详细，就能帮助你很好地控制预算。在台本完成后，便可以大概测算出前期的预算，以及这些预算将花在哪些方面，会耗费多少时间。同样，你也能把后期相关的费用预留出来，测算一下后期完成预计几天，与哪家后期公司合作，要花多少钱，等等。这些都是在台本完成后就可以定下来的工作。如果没有做台本，就无法完成这些工作。

做台本时，心里要有一个大致方向：请哪些嘉宾或素人，人物穿什么衣服，拿什么道具，他要去哪，要说什么话，到后期怎么去呈现，整体节目的气质是怎样的，组织一个怎样的执行团队，等等。在完成台本时，这些答案基本上能成竹在胸了。

比如说你策划的一档节目需要几个机位？你在没有做台本之前，只是策划阶段，即使是一个很好的创意，也回答不了这个问题，因为你没法确定需要几个机位，只有在有了台本之后，才能确定有几个机位进行拍摄。这里不只是说内容的创作，内容以外所有的细节也都是根据台本来定的。实际上，节目台本的作用，除了内容之外，还要确定其他工作 ，比如在正式录制之前要做一系列制片管理工作，如拍摄计划、人员统筹、服装道具、台词等，以上各工种的工作都是同步进行的，工作量很大，也要有一个总的设计图，这个总的设计图就是从台本开始的。

第二节　台本的创作方法

▼ 给台本定一个“气质”

关于台本的创作方法，便是本节讲述的重点。首先，关于台本内容创作，我比较推崇的方式是给每个台本的内容定一个气质。如果这个节目的气质不能说服自己，也就说服不了别人，这是节目类型和内容走向的一个引导标识。至少你得知道自己做的是一个喜剧还是一个悲剧。这是现在撰写节目台本比较重要的一点。有一档比较受欢迎的音乐类节目《乐队的夏天》，它与《中国好声音》《蒙面歌王》这类音乐节目有什么区别呢？都是唱歌类节目，说到赛制，这种赛制很多音乐类节目都用过：乐队出来演唱，然后乐迷打分、专业音乐人打分，分高就晋级，分低就淘汰，一轮轮进行。很多音乐类节目都采用这样的赛制，因此也没有什么新鲜感。选手唱歌，然后是评委和选手聊天的真人秀部分……节目形式上也没有太大的区别。但《乐队的夏天》的节目气质却让人怀念，因为它充满夏天的味道。所以，台本写得再细致，如果整个节目组所有的导演没有统一认识，节目没有设定一个气质，那么这个节目就很难做下去，或者执行起来会比较困难，即使做出来，也可能显得不伦不类，没有特色。如果我们做一档语言类节目，比如脱口秀，那么节目中呈现出来的观点和那种先锋的语言，就是节目的核心。如果是访谈节目，像《鲁豫有约》这种问答式的，那也是一种方式，通过女性访谈去激发被访者的内心。所以，做一档节目首先要知道节目的气质是什么，这是台本撰写中比较重要的一点。

语言类真人秀《圆桌派》里有一期节目，是姜文和高晓松聊《邪不压正》这部电影，当时聊到张北海小说该怎么改编。高晓松说他要改一本书，反反复复仔细吃透书里的内容，他得把它看得特别明白，想得特别清楚。当时，姜文对高晓松说："你改不了的，你不能这么改。"然后姜文谈起他是怎样去改编一个故事的。他说："我拿到一本书后，从头到尾看一遍，赶紧把它合上，再也不看了，再看就会影响你的理解。当你看完这一遍书，给你留下什么印象？留下的那一个印象，就是最打动你的，你就沿着那个方向去走。"这就是姜文对文本气质的理解。回顾经典影片《阳光灿烂的日子》它给人留下的印象是那种光线亮亮的，好像在做青春梦的感觉。影片很多情节都已经不记得了，却给人留下了"阳光灿烂"的印象。这便是这部影片的气质。

以某位学生做的一档音乐类综艺节目的策划方案为例，一共八期，每期约 30 分钟。节目主题是："人作为世界的个体，我们生命中的任何一种情感都能与鲜花的情绪共通。鲜花店中的每一束花都有其重要的使命。"花店的主人是一对热爱音乐的兄妹，他们以鲜花为媒介，发掘一束束鲜花背后发生的感人至深的故事，并设计了特别的送花服务，将鲜花与音乐背后的故事结合在一起，对故事情感进行升华。首先，我们考虑一下这档节目的卖点是什么？这档节目要表达的气质是什么？显然，这档节目定为"温情气质"，那么，它的节奏和意象都是缓慢的。这个节目主角为什么要买这束花？可能之前要埋一个引子，做一个悬念。有一篇新闻报道很让人感动，一名新冠肺炎患者在医院治疗期间，主治医师尽心照顾，给了他战胜病患的信心和勇气。患者很感动，但是因为医生穿着防护服，患者从没见过医生的脸。患者有一个心愿，就想看看医生的脸，但一直到出院，患者都没见过。患者和医生有一个约定，医生跟他说：“如果你能健康出院，我就给你看我的样子。”这是一个悬念。患者康复出院后去花店买了一束花，他要捧着这束花去医院感谢医生，并完成之前的约定和心愿。在这个节目里，花店店主是一对爱好音乐的兄妹，主角买花时，店主便教他学唱一首歌。主角到花店后，按店主推荐的花语买了一束花，并跟店主学唱一首歌，然后在家反复练习。最后主角拿着鲜花来到医院，医院里出来了五六位医生、护士。他并不知道是其中哪一位医生和他做了约定。主角便拿着这束鲜花站在那里唱了一首歌。于是，其中一位医生站出来，脱了防护服，和主角深情拥抱，实现了约定。节目做完了，也很感人。这个节目的气质就是“温情和感动”。

这档节目的气质是人情温暖，那么，我们在节目的每个环节上都要围绕这个主题来策划。节目的主题是温暖，营造温暖也要有一些方法，温暖不能只是见面，说一些感动的话。所有情节设计要体现温暖。医生和患者之前的约定：“如果你平安健康出院，我就给你看我的样子。”这样温暖基调就被定下了。这档节目的核心就是以鲜花为媒，唱歌给你听，表达温暖的感情。这一期是主角送花，唱歌送给医生，下一期可能是主角送花、唱歌给高中的班主任，但核心都是送花、唱歌，这样的情节核心是可以复制的。

▼ 台本构成的要素

不同类型的节目，台本格式也不完全一样。这部分我们主要从台本内容的构成方面来进行分析。大部分台本由以下几点要素构成：

主 题

主题就是一个节目的价值观，是节目要传达给观众的一种整体气质。根据节目类型的不同，节目所要表达的主题也不同。

塑造人物

我们可以从台本的开篇判断出节目的气质。气质确定之后，就要确定人设，塑造人物。在“选题”这章里，我们讨论过策划选题的标准。选题都是关于人的，即人物的选择和人物的故事等。选题确定后，还需要明确人物每个角色肩负的任务是什么。不管是做节目还是做电影，都要去立几个人物，有主角、配角、反角、心灵指引者、行动派……只有建立了这些人设，进而塑造人物，才能构建节目的看点。

塑造人物是综艺节目最重要的一点。无论任何节目类型，首先想想你塑造的是一个什么样的人物。只有人物命运，能带着观众跌宕起伏地看下去。比如说，你拍一档野外生存类真人秀，那你会觉得是极致的环境和野外美景吸引你吗？不是，是在那个状态下人的反应；如果你做一档搞笑类节目，看点还是关于人的演讲或对话。通常情况下，节目外拍组去具体的地方勘景，到了当地先问的具体的问题基本上是我能找到谁，或者谁能在这里完成哪些事……所以说人物是最重要的，首先就是塑造人物，塑造人物之后才能设计结构。电影是编故事，编故事是为了塑造人，综艺节目相反，它是先确定人，然后进行叙事设计。所以说这就是节目和电影最大的区别，节目是先找人后编故事，电影是先编故事后找人，但是最终都是塑造人物。

怎么进行人物塑造呢？这里有一些建议可供参考。

人物不能一开始就是一个完美的主角，一定要在节目中有成长、有变化。配角的作用也是辅助衬托主角进行成长的。另外，他在成长的过程中是有反作用力的，在你所有设计的节目中一定要增加一个反作用力，就是对抗，不能一直顺着叙事。反作用力有两种方式：一种是人物对他的反作用力，就是反派，一直和人物对立的人；一种是环境跟他的对立。

然后要有一个小丑式的人物。这个小丑的人设不一定是搞笑担当，也可以是让观众感到温暖的、有趣的，让人感到放松的人物，小丑式的人物也可以是一个群像。

还有就是要有心灵的指引者。你到最后叙事逻辑推不下去的时候，心灵指引者可能会出来帮你一下。这个心灵的指引者可能是一个人，也可能是一个大的环境背景。

再有，就是行动派。就是这个人一定是一个行动者，他在某一方面有得天独厚的条件或能力，但是他一定不能成为主角。在一些大型的真人秀节目中还有“发现者”的人设，就是给叙事提供线索的。

所以你在塑造人物的时候可以遵循这样的一个逻辑或体系。这些主要的人设在设计台本的时候就要有个定义和方向，台本写完的时候检查一下，每个人你是怎样定义的，这样关于人物的塑造就相对完整了。而且这几个人设会在录制的时候在你的设定下自己生长故事，这是我们拍真人秀最重要的，能自己生长故事的真人秀是最好的。这种故事可能处于若有若无的控制中，你不会想到它会怎么发展，但是有了框架，一定会有跌宕起伏的情节。当编剧把这个设定给到艺人或素人，就知道录制一定有惊喜，因为已经给了设定，是人设带着故事走的，人物可以选择手段，但手段的方法不一定是编剧或导演给到的，但是导演组可以根据人设，对故事发展进行预判，按这个逻辑去构建人物的时候，就能讲出很好的故事。

环 节

人物角色确立之后就要确定环节。这里说的环节是指什么？上文举过一个例子：主角用鲜花和歌曲表达情感。首先必须建立一个动机，鲜花和歌曲送给某人，这个动机是怎么产生的？这个人物是一位患者，他的动机是要把鲜花和歌曲献给医生。这是节目的第一个环节；第二个环节，人物要买一束什么花；第三个环节是人物要学唱歌，学唱的过程肯定是有变化的，开始唱得不好，自己不满意，后来通过练习，唱功变好了，这是一个学习的环节；最后是送花和献唱，是节目的高潮部分，也是最能体现节目主旨的一环。所以，我们在写台本时一定要定好节目的环节，再往环节里添补内容。

内 容

台本的内容有两个方面，即人物的台词和人物的表达。人物的表达可能是最难的，想象一下，如果你规定他说什么，这就变成电影剧本了，所以，节目中的人物不能按台词说话。但是，如果我们不给人物设定台词，那又怎么让他说出节目想要呈现的东西？因为这些人物并不知道节目的气质是什么。导演的作用是通过各种技术手段以及不断跟他讲述，或者对人物挖掘，让人物所有的表达都能限定在节目框架体系之内。最担心的是，我们想得特别明白，但是节目录完了发现并非如此，有人说话语速很快，有人语速却很慢，有人说话很幽默，有人说话却很呆板，甚至完全不是节目想要表达的方向。在节目制作后期，突然发现跟之前的内容剪不到一起，还有想表达的内容嘉宾却没有说出来……我们应该从开始就计划好，让人物说的都是我们节目想要的。刚才我们提到内容方面有两个重点，一个是人物台词，也就是语言，二是人物的表达，也就是人物的行动。比如表现劈柴，人物可以不说话，通过劈柴的动作去表达；表现美食，人物也可以不说话，通过制作美食的过程，做出一个什么样的菜，中餐、西餐，用内容表达主题。用人物的行动和语言构建的内容，是制作节目中最重要的两个方式。

所以，台本创作有几个要素，第一个要素就是主题，主题确定之后是确定人物，拟邀请的嘉宾或素人以及进行人物设计。之后是设定环节，人物进入环节之后，必须设定行动和语言，以此一步步推出台本的逻辑和结构。还是以之前的“鲜花音乐”这档节目为例，先定好一个节目气质，鲜花店店主是一对文艺青年，有浓烈的文艺气质，然后设定人物，即特殊时期的抗疫英雄。人物设定后，加入丰富的环节设定，然后将人物进入环节当中。这时，人物就会跟着节目的情绪走，我们把人物置于这种情境之中，人物就会按照我们设定的环节去说话和行动。挑选鲜花是行动，学练唱歌也是行动。然后，人物要表达什么，就是他的语言。这样我们就把一个完整的节目台本建构起来了。

第三节　台本案例分析

接下来我们以两档节目的台本为例进行详细分析。

首先，我们以江苏卫视《匠心传奇》茅台特辑这一期台本为例，分析一下台本格式以及构成要素（参见附件一）。

《匠心传奇》是一档文化探索类节目，该节目由策展人杨澜和“匠心大使”带领观众探访十二位中国不同领域的“意匠大师”，并共同完成“国匠大展”。

从第一部分开始——开场，时间、地点、人物、道具，这些要素都有了。根据编剧或导演的习惯，现在的台本习惯于把不同人物的行动或者不同人物所做的事用不同的字体和标注区分开。在这个台本中，把行动用下划线的方式和文字区分开来，没有下划线的是语言，有下划线的是行动，这样就便于不同的人在阅读台本时清楚了解他们各自所要做的准备工作。接下来是策展人杨澜说话。我们可以看到，这里主持人讲的话也列出来了，并有一些“硬口”开头。所谓“硬口”，是指人物必须按照台本上所写的台词来说，即使不能做到一字不差，也要八九不离十。因为通常来说，硬口台词涉及节目整体方向的把握，还有一些固定信息或一些介绍性的话语要说给观众听。因为做节目不可能在一个失控的状态下去录制，这些“硬口”台词可以保证主持人表达不至于偏离节目主题。重要台词也是台本的核心，那些重要的台词也要在台本中体现出来。作为编剧，要帮助嘉宾或素人把握语言表达的方向，他们也可以将这些台词改造成自己的话讲述出来。

一般来说，专业的综艺节目编剧对台词的要求是很高的。比如在这个台本中有个开篇台词：“一个陶罐和一把镰刀，是传承了千年的生产工具，辛勤的劳作是古代中国人安身立命的根本。人们栖水而居，靠山而食，陶罐装着富足，镰刀收获希望。先民们从未停下追求美好生活的脚步。他们之间奇妙的化学反应又会写就怎样的‘密码’。”所以，关键的硬口台词要写得考究一点，这样在录制时才会呈现出节目的气质。

第二部分——见物不见人，用黑色边框框起来的是什么内容呢？是给嘉宾看的要点提纲。嘉宾看这一块就知道这一环节的内容。这也是增加工作效率的一种方法。有时候，艺人参加节目录制时间有限，没有时间看全部的台本，只给他们展示和他们录制相关的内容，对导演和艺人来说可以事半功倍。在台本的第二部分，框起来的要点提纲点明，首先，林永健表明来意，猜测“匠心之谜”；其次，林永健完成红高粱收购任务，他知道了，他得干一次农活。最后，林永健完成赤水河取水任务，他知道还要陶罐灌水、与杨澜会面、寻找意匠大师等。嘉宾看这些信息便足够了。

接下来是把这上边方框里要点提纲的五个内容点在下面的台本中进行丰富。时间、地点、人物、道具这些要素列出来之后，各个工种都会很清晰。接下来是场景描述，所有工种要清晰呈现哪些内容和视听手法。林永健走向河边拿着陶罐和镰刀，用航拍拍摄一个好看的画面。然后给出对话方向，真人秀不会设计一句句台词，但方向挺重要，嘉宾是按照这个方向去说，这里设计了两个方向。第三个是一句硬口台词，这句话必须由他说出来，所以必须写出来，这样就不会丢内容。做后期推动情节时，有时候少一句话或少一个环节，对节目的整体呈现影响是非常大的。

下面完成高粱收割任务。第一，场景描述，然后是对话方……林永健说收割高粱难不倒他，他曾经下地干过这种农活。在编写之前，需要查一查资料，看他说的话是否符合经历。在写这一段时，导演组查了很多有关嘉宾的资料。接下来是对话，杨澜跟林永健见面。作为专业主持人，杨澜的硬口台词不一定非要按台本上写的那样说，但是她看到硬口台词后说的和台本上写的差不多。我们只把硬口告诉她，就这一句话，一定要让她问，因为后面的意匠大师是有转折的，这里不这样问，后边推不出那个人来。就像猜谜语一样，前面不把谜面留下，后面直接告诉人家谜底，这在逻辑上是行不通的。

然后是联名款发布。杨澜说，我给你布置一个任务，就是要林永健与茅台的意匠大师一起，共同打造一个联名款，最终以国匠代理的形式录入国匠展馆进行展览。因为这是一个任务的发布，所以必须以硬口形式说出来，否则最后国匠展馆就没办法引出来。杨澜对林永健说“我今天交给你一个任务”；然后第二番里，揭开匠心之谜的密码……这一番要点提纲 6、7、8、9、10 也是给嘉宾看的，他看这几行就知道方向了。首先遇见茅台董事长，然后了解“匠心”的真正寓意，接着了解茅台酒之源的特殊含义，然后继续寻找意匠大师，感受茅台魅力。在要点提纲的第 6 点“茅台酒之缘”有一个遇见茅台董事长的场景。类似这种场景，当台本给了茅台集团之后，他们会把自己要使用的场景标注出来，因为节目组要到茅台集团去拍摄。出场人物，特别是专家身份要先在台本中做介绍。

有的新入行的导演，人物介绍这个环节可能是在最后环节才推出。我建议大家在台本中先写清楚人物介绍，这样人们对他就有一个初步认识。第 10 点继续寻找“意匠大师”，开启感受茅台魅力之旅，从这部分开始进入真人秀环节。

第三部分，解密茅台酒酿造的“匠心密码”。我们从提纲要点里可以看出，他们去不同的车间拜访意匠大师，展现“酒曲”的力量、采曲的魅力和匠心传承。接着，他们到各个车间去采酒曲制酒。

通过之前的勘景，我们会发现一些比较有意思的东西，因为现在茅台制曲仍然采用古法的光脚踩曲，酒曲跟人体汗液结合。所以让林永健和杨澜也去体验踩曲过程，把这些有意思的内容都列在里面。

第四部分——国匠时刻。每期节目结尾的设计是让嘉宾读一段文字或一首诗，内容是跟这期节目相关的。导演组让嘉宾坐在那儿盯着镜头，把这段诗读完，这样的设计更动人，然后缓缓地滚动工作人员的名字字幕。这样的设计是不想把演职人员表也做得那么俗，直接滚到片尾再加个音乐。所以一直到最后，整个环节的设计是完整的。

通过对“匠心传奇——茅台特辑”的台本节选分析，我们可以了解到这种格式是节目台本格式的一种。这么长一集的台本，不一定每个部分都会录制，但我们一定要在台本阶段做好准备，在录制现场留下有意义的内容。其中一部分台本内容可能在录制阶段就会直接删掉，但我们在前期台本写作上一定要编写丰富的内容，这样才能保证录制时内容是充足的。

《我们的征途》是安徽卫视 2017 年推出的大型实境生存体验真人秀。节目固定嘉宾是陆毅、尹正、田亮、姚笛、杜海涛、麦迪娜、郝邵文。节目中，“征途家族”前往坦桑尼亚、汤加，在没有任何工具的情况下生火、捕鱼、盖房，在原生态的生活环境中进行荒野求生。《我们的征途前传》是节目的先行片，主要进行嘉宾和节目介绍，着重刻画人物形象。这档节目的台本是另一种台本类型——表格式台本（参见附件二）。

首先从出发前各人准备过程的台本中，我们可以看到表格式台本的一些基本要素：开篇介绍本集时长和故事发展线。之后在表格中体现序号、主题、地点、人物、时间、预想桥段、采访或 OS（内心独白）、道具、备注等。就节目台本来说，没有一个统一固定的格式要求，但在大多数成熟节目的台本中，基本要涵盖以上这些要素。节目台本与戏剧、影视台本不同，节目台本不固定人物台词怎样说，但是在框架确定之后，根据节目的气质和主题，编剧对人物行动的预想桥段、采访和 OS 等，要有一个大致方向的把控。

该节目设置中还有一个六小时的技能学习环节。嘉宾抵达目的地后，给每位嘉宾定好人设以及他将要学习的技能。接下来，台本中要体现每位嘉宾的人物标签和即将学习的技能，以及一些提供给嘉宾参考的知识点。节目组给嘉宾提供台本，嘉宾根据台本提供的知识点提前了解学习，在节目录制中才能更好地表达出内容。这些知识点也都是要在台本中体现的（参见附件三）。

那么，哪种类型的节目会用这种表格式台本呢？通常来说，有较多嘉宾或素人参加的节目会用到表格式台本（这里提到的参加录制的人是指参与录制的重要艺人或素人，不包含现场观众或群众演员）。每个人都有自己的任务，如果按照《匠心传奇》这种文字式台本来写的话，就会很不清晰。嘉宾在读台本时也会摸不着头脑。按表格来写台本的话，每个人的分工就会清晰明确。这种多艺人参与录制的节目，每个艺人会有一位跟随导演盯内容，韩国综艺节目里管它叫“Follow PD”。因此，这种表格式台本使用方便，每位艺人和随身导演以及其他类型的工作人员拿到台本以后，对自己的工作了解就很明确。在《我们的征途前传》这个表格台本中，台本最开始写着“25 分钟”，这是第 1 集通告前 25 分钟的内容，设定了每人出场的方式。接下来，我们可以在台本中看到，这一环节的主题在哪儿发生，都有谁，时长，然后给出预想桥段。对于真人秀节目，我们只需把预想桥段交给艺人，他就知道自己该朝着什么样的方向呈现。之后做一个采访或 OS，即他说的话和独白，这样就构成了一个环节。后面还有相应的道具和备注。台本里为什么把道具单列出来？因为在户外节目录制过程中，就算灯光差一点，摄影机少一台，比起道具其实都相对次要，因为摄影机多一台或少一台无非是做机位上的调整，拍摄还是可以进行下去的。但如果没有道具，这种户外节目就录制不下去了。比如录劈柴，但是道具没有准备，那么这一环节就录不了。和其他工种比起来，在户外真人秀节目里，道具是非常重要的。

采访和 OS 要认真设计一下语言表达，这样艺人在看到这些台词的时候，首先，他愿意说，因为你在塑造他的形象；其次，你很用心地去写，艺人便不会把它忽略过去。如果你写得很平淡或者只是应付一下，艺人看了肯定也没有表达的欲望。如果我们在台本里将台词写得仔细一点，相信艺人还是愿意去表达的。台词要根据每个艺人的性格和人设去写，就是前面提到过的人物塑造。

接下来是在旅途中。这里会呈现每个人在路上的一些表现，每个人都要讲述旅途中的真实感受。从这里开始，台本要给所有工种都看一下。跟拍的摄影师也要知道他要拍每个人的重点，是拍一些景色，还是拍一些感受。

到了坦桑尼亚以后，后期要剪辑的解说词也是要写的。因为解说词通常是由后期导演负责的，但如果你先设计出来了，就能为后期做一些准备工作。建议大家在撰写台本阶段，尽可能把自己的一些感受完整地写在台本中，这些感受其实是意向性的，把出发时那种雄心勃勃的感觉都写出来，不管最后是否用到，但至少准备工作是充分的。

之后是集结和见面部分。见面时，是 MC（主持人）让艺人们挑选礼物，然后艺人在八个黑木雕项链中进行挑选。这里给的方向是麦迪娜挑选豹子，陆毅选一个海豚，项链上有一个小的 logo，代表他们会学习哪种技能。这里需要给艺人预设选择的方向，经验丰富的真人秀艺人经常录节目，他们知道该怎么选。礼物最终都选完了，我们会告诉艺人，这代表了你将在团队中担负一个什么样的角色，因为你要根据你选的东西来学习技能。

之后在第 8 项中，MC 说："你们选择的礼物，也就选择你们来到非洲的身份。让我为你们介绍 6 位来自草原的顶级生存大师。"刚才选的每一个图腾，代表着一种必不可少的生存技能。为了生存下去，你们必须掌握一定的技能。"站在你们面前的是 6 位生存大师，每个人都掌握着一样非洲生存的必备技能，你们将有 6 个小时突击学习，即刻出发。"看到这里，其实已经明白我们要录制什么内容了，应该能感受到节目的这一环节是什么样子了。台本可以完成这件事，即使不到现场，艺人看到台本也能知道该如何表演。如果你是一个艺人随身导演，很简单，找出你负责的艺人在这一条录什么内容，然后和艺人讲清楚该怎么表现；如果你是节目的负责导演，接下去你要怎么录？摄影老师怎么录？道具怎么准备？那么很简单，拿着台本就可以录了。

接下来是 6 小时急速学习技能。给杜海涛写的台本，地点是在一个民俗村，他要学什么技能，道具已经有所体现。同行者其实是非洲的生存专家，要教他学习生火。为什么要学习用火？因为人类在踏上食物链顶端的路上，用火可以说是迈出了重要的一步，生死之间的距离，可能就取决于有没有使用火这一简单的区别上。所以，能够在任何地方、任何条件下生火，是一项重要的技能。在十二集节目中，无论户外环境条件怎样恶劣，都要能生出火，有了火，你才能吃，你才能取暖，还能在夜间驱赶野兽，能在黑暗环境中向前行进……如果不会生火，后面的所有内容可能都不成立。观众可能会质疑："他怎么就会取火了，是打火机取的火，还是有谁帮衬着？"在前传中，一开始就给每个艺人赋予一个身份，这样在每集中都会发生有意思的事。如果生不出火，大家就会找杜海涛。同样，在非洲户外生活过程中，可以闪回以前学习的内容，这是一个非常有意思的设定。

这里需要提一句，台本写作前期需要查阅大量资料。写出一个好的台本，是要做一些知识储备的。任何节目都一样，足够多的知识储备，能帮你写出一个很好的台本。

接下来，通行者拿出小黑板钉在树上，还有小板凳、小教鞭等道具。这里设计了一些趣味性环节，也提出了很多知识点，都是给艺人看的。艺人们看到这些知识点后，会在节目中互相交流：比如我们为什么要取火？因为大家都觉得非洲温度较高，没有取暖需求。但在野外生存要面对气温的变化，深山中气候变化无常，日夜温差大，保暖是必要的。山里人还要时时保持衣物干燥，人若在冰冷潮湿的环境中，身体将会消耗平时两倍以上的热量，若摄取的热量不够就会失温。因此，野外生存最重要的一步就是学会先取火，取得热量。人在水中消耗的热量比在空气中要多 25 倍，等等。将这些学习过程拍出来，可看性很强。我们只看这个台本，都会觉得很有意思。比如，怎样通过动物粪便辨别动物的种类？肉食动物粪便中含钙量高，太阳晒一下就会变成白色，而草食动物不会。通过观察动物的粪便就能引起人们的警觉。这些内容只要艺人看过，在节目录制中就会很有话题。其中还有针对每位艺人学习技能的知识点，这里就不一一列举了。

这就是《我们的征途》这档节目第一期前 25 分钟先行片的台本设计，读者可以参考。要撰写一个台本，首先要确定一个台本格式。在这里给大家提一个建议，不管你做什么类型的节目，通过学习和搜集让自己具有足够多的相关知识储备很有必要。做一档节目准备大量资料，具有足够的知识储备，能决定这档节目的成败。都说电影中最重要的是细节，其实细节来自专业知识，所有细节都是用专业知识堆积起来的。不管做什么节目，都要积累足够多的专业知识，这样才能做出好看的节目。

【思考题】

1. 台本构成的基本要素有哪些？
2. 根据你策划的一档节目，完成台本写作。

第四章
团队搭建

4

一档综艺节目在接近尾声的时候，片尾会快速滚动出一串长长的工作人员名单。有的大型节目所有工种加在一起可能有上千人。当然，不是所有的工作人员都会出现在人员名单中。你会发现，现在越来越凸显的一个趋势是综艺节目很难靠一个团队去完成。某表演类大型真人秀节目组，仅影视化拍摄团队就联系了六家公司，才能满足他们所有的影视化拍摄需求。这就意味着，现在综艺节目的生产已经越来越非集约化了，它已经变成了一种大工业的生产模式。在实际操作过程中，团队的作用越来越重要。在本章，主要讲述综艺节目如何组建团队。

第一节　平 台

▼ 电视平台

中央电视台

近些年，中央电视台推出了许多正能量、口碑好、殿堂级、现象级的节目。从《国家宝藏》《挑战不可能》《朗读者》到《故事里的中国》《典籍里的中国》，都是口碑好、制作精良的国家级制作平台的大型节目。央视（中央电视台，简称“央视”）在组建团队时吸收了很多制作优质节目的经验，包括优质的平台经验。因为就目前央视团队来说，很多人来自不同的平台，有来自省级卫视的，有来自网络平台的，制作风格也是多样化的。在组建团队过程中，虽然团队每个成员都有各自的价值观，也有各自的思路，但是央视最核心的资源就是国家级电视平台，这在团队组建中起到了至关重要的作用。利用这些资源，可以实现和中国乃至世界顶级资源的对接，也是帮助它实现自己搭建团队最具优势的所在。

湖南卫视

在各大电视节目平台中，湖南卫视在过去几十年时间里，稳居综艺霸主地位，依靠其平台播放的综艺节目，湖南卫视从众省级电视台中脱颖而出，成为如今行业的领头羊之一。也正是多年的节目积淀，湖南卫视成为将主持人明星化的电视台，推出了以“快乐家族”“天天兄弟”为主的众多明星主持。这些明星主持吸引了一批又一批观众，形成相对稳定的收视群体。从节目的整体定位上看，湖南卫视播出的节目风格更倾向年轻化，多年来，湖南卫视的台标也一直打着“青春”的口号，目标人群十分明显。从节目内容和邀请嘉宾来看，两者都围绕当下年轻人的生活痛点以及明星的喜好。留住年轻人的关注，成为湖南卫视播出节目的重点之一。

湖南卫视非常重视团队建设，把团队放到一个至关重要的战略级地位。湖南卫视是一个会鼓励发展团队文化的平台，团队是拿制作人的名字来命名的，比如洪涛团队、谢涤葵团队，现在从团队引申为一个个工作室。湖南卫视这样做的目的就是为了制作人明星化。其实，湖南卫视一直走在所有节目制作生产工艺的前端，虽然现在可能受多媒体分流的影响，但它依旧是电视综艺节目王牌生产的主力军。为什么这么说呢？因为它是国内第一个实现主持人明星化的电视台。主持人明星化最初是从欧美到日韩，再到中国。凤凰卫视很早就对主持人进行明星化改革，为主持人建立工作室，然后为主持人提供宣传包装。很多凤凰卫视优秀的主持人，他们其实都在往艺人方面去经营，在内地，主持人明星化首先是由湖南卫视来构建的。《快乐大本营》《天天向上》，以及被大众熟知的“快乐家族”和“天天兄弟”，是国内第一次实现主持人艺人化管理。当迈出这一步之后，湖南卫视清醒地认识到，自己是一个造星工厂，知道如何让团队拥有存在感和获取感。在这份工作上，它知道自己平台的主持人如何能够和别的平台主持人相比更有收获。自湖南卫视主持人明星化实行了一段时间后，很多电视台纷纷效仿。有了这种尝试之后，湖南卫视开始新的引领，对制作人也采取明星化。湖南卫视的一个特点是，它所有的团队都是以人名来命名，所以它在各种公开场合，甚至在发布会以及所有的宣传活动、海报上，都会印上这个团队主理人的logo。所以，它是一个会把团队文化包装到极致，让每个团队的管理者拥有存在感的一个平台。在这个团队里，每个人的思想、每个人的地位都是平等的，无论你是一个实习生抑或制作人，大家都可以没有障碍地平等交流，这是湖南卫视做得很好的一个方面。

湖南卫视十分注重团队文化。在这个团队里，能够注重团队每个成员的平等交流和发展。想组建一个团队，团队文化是非常重要的一个环节，如果你没有搞清楚自己的团队文化是什么，那是很悲哀的。一个团队的目标是要做到名利双收，要接一个节目，要组一个项目，一定要将效益最大化，这也是一个优质的团队文化。你也可以想做一个精准的节目，要做成现象级，想成为一个优秀导演，这也是团队文化。央视的团队文化更倾向于主流价值观的传播。如果没有一个好的目标，没有一个为之奋斗的核心和灵魂，就不要去组建团队。

浙江卫视

浙江卫视关于团队的搭建经验是寻求行业内优秀的团队合作，这也是构建团队的一种方式。其团队搭建方式讲究效率——和市场上优质的内容生产公司进行合作，实现资源的最大优化。与行业内最优秀的团队进行合作，这也是《演员的诞生》第一季成功的关键，也是第二季一直信守的一个观念，就是坚持和最专业的团队去构建一个强强合作的关系。所以，《演员的诞生》第二季采用的方式是每期请一位顶尖的电影导演、电视剧导演来实现影视化拍摄，这样也能吸纳更优秀的演员。这些大导演除了为节目带来制作资源外，还提升了行业内节目制作品质的口碑。

江苏卫视

江苏卫视赋予团队完善的奖励机制，这也是江苏卫视在一段时间内很快崛起的一个重要原因。通过运用完善的奖励机制去接收和吸纳优秀的从业人员，组建自己的优秀团队，打造一流的节目。

▼ 网络平台

网络综艺节目不像电视综艺有它的稀缺资源，即时段资源。网络节目的观众可以在一个时间段内任意选择不同的节目进行观看，不受播出时间的限制，这是电视综艺达不到的。而且除了网络长综艺，现在还有一些微综艺和短视频。对于广告主来说，能够在网络上投放的广告更多了，网络综艺节目的广告费不像电视综艺节目那样高。所以，优酷和腾讯在团队管理上采取一些方式，降低其节目生产成本。他们怎么控制成本？其实在团队组建上就可以进行很好的控制。

腾 讯

腾讯视频是没有导演团队和制作团队的，它所有的内容部门只有制片人和项目经理这两个角色，这是一个很好的尝试。制片人负责对内容进行把控，项目经理负责对团队商务部分和财务部分进行把控，这是一种新颖的组织结构。那么，制作团队从哪里来？腾讯采用的方式是招标制，你来提案，有了提案之后，大家共同商讨其制作成本。腾讯会对制作成本提出要求，如果你完不成，那么腾讯可以花一定的版权费把你的提案购买下来，再进行市场化招标。腾讯采用这种方式，其实是合理地控制制作成本，把所有的制作团队分拆化，不让一个制作团队去完成所有事情。当然，核心导演可以提条件，但是不能干涉用哪个摄像团队、哪个导播团队和用哪个后期团队。在能保证品质，共同商讨的制作供应商的名录当中实现团队招标，然后共同实现目标。也有一些团队宁愿在亏损状态下去接这个节目，因为对内容生产商来说，作品是最重要的。很多团队是在赔钱的状态下去接的，如果节目成功了，实现了点击率和口碑的双丰收，那么，这些团队也会有所收获。

在网络综艺难招商的情况下，腾讯采用的团队管理模式很好地实现了供应链、产业链的成本控制，这是值得我们去思考和借鉴的。

优酷

优酷团队搭建与阿里巴巴有一些联系。我们来分析优酷的内容制作团队，首先，你会发现，在它的体系当中，内容是一个很小的部分，它的团队主要是做审计，对所有账目、人员、合作进行审核，会为每个制作团队配置一个审计部门。所以在跟优酷合作时，第一轮是与它的审计部门合作。其次，是它的市场，他们称之为“度量衡部门”，有一个度量衡团队对节目进行度量。这个度量体现在哪些方面呢？我们知道，阿里巴巴有个大数据库，“淘宝人生”能统计出这些年你在淘宝上花了多少钱，你最喜欢买什么东西……它还知道我们的消费习惯，你用什么牌子的护肤品，你喜欢吃甜的还是酸的……这是阿里巴巴核心的数据库，它掌握了网民的消费习惯，它可能比你自己还懂你。所以，它有一个度量衡部门，通过大数据来预测这档节目的收视率，预测这档节目能不能卖出广告……通常，它的预测还是非常准确的。它会交出一个详尽报告。这个度量衡部门，还会在节目制作过程中跟着节目组，跟着内容团队来完成所有内容的生产，及时调整节目的内容和看点，看你的内容是否受观众喜爱，是否被大家所关注和认可。它可以给节目提供更多的信息。最主要的是，它可以直接对接阿里巴巴的商务资源，因为有许多商家在天猫入驻。阿里巴巴对于节目招商没有太大问题。这是目前优酷的内容制作团队的状态。

在工作之初，一个初入职的实习生是没有机会组建团队的。但是，每个实习生都要有制片人的思维，如果以后成为节目制片，也要有实习生的思维。每个平台都有各自建构团队的方式，每个团队也有各自的文化和目标，每种建构方式都有其优点，不能说崇信制作人中心制就是最好的，它也有弊端；也不能说优酷这种大数据中心不好，其实它们都在自己的领域取得了成功。所以，如何构建团队，很难用一种理论加以总结和分析，需要采众家之长，并灵活应用在实际工作之中。

第二节　如何组建团队

关于如何组建一个好的团队，可以从以下几点来讨论。

第一类是，无论项目大小，一定要学习一些管理学常识，即使规模再小的节目组，也要把它当成一个五脏俱全、有分工有协作的一个组织。组建的目的，是为了凝聚团队所有人的力量实现一个共同的目标——把节目做好。以中央一套《故事里的中国》为例，在策划阶段定下一个目标，要把电视节目做出电影的质感。最初的策划方案不是要把节目做成舞台戏剧，而是在舞台上搭一个小片场，就像《幻乐之城》一样，然后用电影的手段去实现经典故事的拍摄。之后就是团队搭建，找哪类人才能制作出专业电影质感的效果。一定要找一个最专业的“合伙人”。所以，当你定下一个目标之后，就要找到职业共同体、利益共同体、事业共同体和命运共同体。我认为职业共同体在这个团队中就是普通员工，这类人是为了职业而来。在整个团队中，基层的导演甚至是医生，他们能为你解决一些基础性工作，这些基础性工作，比如时间安排，比如初步的资料搜集、选题搜集。关于选题，团队搜集选题有一个最好的办法，即人海战术，如果一个大型团队有80个人，一个人报一个选题，就足够领导层做决策。而80个选题当中至少会有几个是出彩的。当然，这是一个笨方法，但正因为有了这群人，我们才能去实现这个基础工作的梳理。所以，如果搭建一个导演组，一定要有一些基础的导演帮你去做一些统筹性工作，而且在组建团队时，要直接告诉他们，做的是基础性的工作，而且这些工作很有用。

第二类是确定核心骨干。在组建导演团队时，如果是大型项目，一定要有几位核心导演；如果是一个小的项目，比如拍一个短视频，那也要有一两个核心成员去做这个事情。核心骨干的特点是：他不是为了完成一个工作，更多的是为了发展，无论是利益上的发展，还是职业上的发展。所以，这些人是整个团队的中流砥柱。在团队当中，这些核心骨干都是导演组组长级别。一个团队中的每个小组都有一个组长，这就是团队的核心力量，他们要做的关键事情便是节目的品控。当小组成员做一些基础工作时，骨干成员要做一个基础的品控。因为假如有80个选题，一个选题报10分钟，便有800分钟，你没有时间去做选题筛选工作，必须有人帮你去做筛选，帮你去做品控。

第三类是中高层核心员工，就是希望和你共同去实现创业目标的，他在整个团队中担任执行总导演或执行制片人这样的角色。他能帮你解决一些团队管理问题，是有一些内容决定性想法的人。一个团队中能找到这个搭档就已经很难得了。你们在事业上的目标是一致的，在利益上的目标是共同的，你们是能实现共赢的，这是非常难得的。

第四类是命运共同体，就是有共同的不能失去的东西，这个是核心。我们把这类人叫作“合伙人”。做不同节目要找不同节目的合伙人。但是，你的合伙人在有些情况下是没办法满足你的需要的，第一，他没时间、没办法满足需要；第二，他全部的精力不能满足你的需要。所以，这时候你要判断，一个再有能力、再优秀的人，当他不能全身心为你贡献力量的时候，他对你的效用是零，他就不足以成为你的合伙人。起初，《故事里的中国》要把电视节目做出电影质感，但当时的合伙人在时间上不能保证录制需要，在这个时候，电影化的目标往下降了一级，因为想把节目拍出电影质感，没有一个优秀的电影导演进行合作是很难达到目的和效果的。所以，接着尝试戏剧化，将戏剧搬上电视还挺少见的，但依旧用电影的方法来拍。《故事里的中国》导演组找到了一个英国模式，叫 NTlive（National Theatre Live），是英国国家话剧院自2009年开始实施的一个开创性项目，通过放映的形式向英国及全球呈现当今世界戏剧舞台上最优秀的作品。NTlive 把经典戏剧作品用电影手法进行拍摄，然后通过售票在电影院进行播放，观众通过银幕观看戏剧作品，把有限的优质的戏剧资源以光影手段进行重现。《故事里的中国》导演组找到了这种方法，通过完成舞台戏剧的目标来寻找合伙人。这点是形成命运共同体的目标。一个团队当中，站在管理学的角度，应该有这样几类人：有你最紧缺的专业领域、垂直领域的顾问专家；有你最信赖的助手、副手，是能帮你管理团队的一个执行者，以及团队的中流砥柱；同时，有更多能为你搜集资料的基层员工。以英国 BBC 为例，其团队构成大致分为制作人、各种硬体工种、艺术指导、出品人、出品方等等。英国电视业在世界电视产业中地位崇高，中国电视圈也在研究欧美的生产模式，其中项目经理是一个有趣的角色，也是从西方吸取过来的。项目经理是对一个整体项目的管理统筹者，之前我们没有这一概念，很多人认为有些工作就应该制片人去做，制片人应该什么都懂，应该懂商务，应该懂谈判，应该去拉广告，应该知道怎样进行后产业开发……现在有了项目经理，这些工作可以交给项目经理去做。项目经理制能让节目的后续产业得以开发。以《朗读者》为例，靠这个 IP，项目经理做了很多工作：首先开发喜马拉雅的课程，然后开发图书，这套书现在仍排在全国各大书店的畅销榜上；之后开发了朗读亭，而且节目组把它做成一个公益行为。现在在开发线下的读书课程，读书是一个刚需……西方的团队构架，也带给我们一些思索。目前，电视节目制作团队大概的构架是这样的，以总导演为中心，然后分成几个组，如现场组、编剧组、导演组、真人秀组、后期组、外拍组，甚至在影视化拍摄时，还会有影视化组、灯光指导、摄影指导等等。

还有一个关于团队搭建的案例，《主持人大赛》汇集了中央电视台的主持人和总监，通过一个大赛，把整个央视最有话语权的人凝聚在一起了，让他们成为节目组的合伙人，使大赛非常具有影响力。如果只有主持人参加，节目的评委也只是主持人，那么节目组便难以汇集这么强的团队阵容。所以，节目组里有制作人、策划人，还加入了高校的教授、专家、学者，这样就让整个节目的合伙人队伍非常庞大，他们实际上都是节目的策划人，每期内容策划他们都会参与，这就相当于站在巨人的肩膀上。作为导演，一定要学会运用身边的强势资源去武装自己，一定要让自己变得更加强大，一定要知道这个领域有比你更专业的人。《主持人大赛》的评委阵容足够强大，选手也足够强大，所有题目也显得高、大、上。

所以，要学会通过组建团队来盘活节目资源，要通过节目，让整个团队的资源结构越来越好，视野越来越宽。所以，要跟我们所有合伙人找到一致的诉求，在某些事情上不要只想我的诉求是什么，不要只想他们能帮我补足哪些问题，而要去想你们的共同目标是什么。

再看央视另一档节目《挑战不可能》的构架，首先是核心导演组，就是上文提到的合作共赢那些人，大家一起去做事，有共同的目标和有共同的价值观，把这个节目的“地基”给打起来。其次是现场组，他们会在棚内完成现场硬体，还有现场的一些设备协调工作，比如灯光、音响、舞美、道具、现场导演等。对于节目组来说，会找业内最适合这个节目的团队去合作。现在还有真人秀组。我们对真人秀的理解是对人物进行塑造。通常专业的节目组会请一些专业的真人秀团队合作，可能会跨界请一些心理学专家、编剧、语言学家等，这些专家以不同的知识结构去和嘉宾聊天，每个人都能聊出不同的内容。比如，擅长语言类的老师能教他进行对话；心理学家能挖掘人物的心理状态，并疏解人物上台前的紧张和疲惫状态；专业编剧能为人物的故事添加色彩，让人物更有趣。这就是真人秀组所做的工作，也是一个节目组里重要的组成部分。因为不管是明星还是素人，能把这个人物“做透”，节目就成功了一半。所以，通常节目组会组织各界专家去挖掘人物的特点，然后将它呈现出来。

以江苏卫视的节目《最强大脑》为例，《最强大脑》第一季播出之后，有一个项目的道具被重点宣传，当时网络上有许多评论：“这道具做得太漂亮了，道具能做成那样不得了……”很多文章也对这个道具做了评述，这个道具也成了当时的一个热点话题。所以，舞台呈现也非常重要。当你有了好的想法，如何在舞台上加以呈现，怎样置景，用什么样的道具，用什么样的设计，这些都非常重要。所以，呈现组包括舞美设计、大屏设计、道具等，最终要用一种艺术化的手法将节目呈现出来，这是呈现组的作用。像《最强大脑》《挑战不可能》等节目还会设置科学团队，会邀请专家、教授来做验证。很多外拍项目会做外拍。除此之外，可能还会根据不同的需要去设组，比如因为录制时后面要有背景，所以有的节目组会专门设立 PPT 组。我们在节目制作时若有需求，要根据这些需求去寻找在业界最合适（可能不是最贵，也可能不是最好的，但一定是最合适）的合作团队，这就需要你对这个节目有一个客观的分析。

总结一下如何组建好团队？第一，搭建一个专业的团队能够让你的节目成功一半。一个成熟的节目制作人，在做每一档节目之前都会花时间去分析要搭建一个怎样的团队，然后与总导演、制片人一起讨论，做一个有关团队搭建的人员架构，讨论要纳入哪个工种，这个工种是做什么的，要按照什么方向去找……比如PPT团队，可能设计的作品精致漂亮，但不符合节目气质；比如戏剧团队，选择和哪一个戏剧团队合作，也需要根据节目类型和播出平台进行深入讨论。这些都是今后在团队构成、架构中需要考虑的问题。要对每个节目的模式进行分析，对每个环节需要什么样的人加以考虑。在与合作团队接触之前，一定要清晰了解每个团队的优势是什么，他们擅长什么，这样在节目制作中会省去很多不必要的麻烦。

第二，工作效率不高往往是因为人员过剩。当你发现团队合作起来效率不高，不能保证工作效率时，一定是分工不够细致，导致团队的分工有所重叠。人员分工发生重叠，就会导致一部分人的工作是没有效果的。比如在做戏剧表演类节目时，是否需要设置两套灯光组，一组是戏剧灯光，另一组是影视灯光。一开始尝试搭建两个组去做这件事，因为我们理所当然地认为，戏剧光和影视光是不一样的，但是做完之后，到后期就遇到麻烦了。我们发现两套灯光完全剪辑不到一块去，颜色出现很大的偏差。这两个灯光组在各自的专业领域都做到了最好，戏剧灯光是顶级的，影视灯光也是顶级的，但为什么都是顶级的专业灯光组做出的效果却不尽如人意？分析结果是因为人员过剩。最后做了协调，让其中一个灯光师去把控整体大局，调整完之后发现这两组灯光能剪到一起了。举这个例子是为了说明，有时候，你要在一个团队中不断进行协调。

第三，好的团队不一定是最贵的，但一定是跟你的诉求相契合的，并且是完全能对接上的那个。

第四，要破除惯性思维，让团队活起来。若团队僵化了，就没有创新可言。很多制作人喜欢用同样的团队，这样会陷入一种思维定式当中。你不了解不同团队的审美和工作方式，而且不同团队对节目整体流程的理解也是不一样的，他们有时能帮你完善对节目的认识。所以，组建一个好的团队，这个团队成员要有一定的流动性，无论是导演还是与你合作的所有工种，一定要让人员流动起来。你要根据不同节目的类型和风格来选择团队，不要让团队陷入一种思维定式当中。

第五，花时间去熟悉和分析团队的每个成员。一般流程是先熟悉自己人，先召集自己团队的导演一起开会，了解他们的目标和想法，了解每个成员的工作意愿和特长。还要花时间请合伙人和合作者，帮你分析每个成员的优势和劣势。一个好的团队并非人人都是最强的，因为一个节目组优秀的标准大同小异，这时候拥有个性是最重要的，而团队的共性反倒是不重要的。所以，我们要去分析每个成员的优缺点，优点是显而易见的，缺点则需要克服。把每个成员的优缺点处理好，是组建一个团队重要且必不可少的过程。一个成员可能在这个团队做的是这件事情，在另一个团队去对接另一件事情，这样每个人在各自的职业生涯中也能接触尽可能多的领域。还要对每个成员进行深入了解，若他在这个节目中对接 PPT 制作，他在 PPT 的审美、排版和逻辑整理上很拿手，那么，下一个节目可以让他去学灯光、学摄像、学导播，因为他是有基础美感的。比如某个成员对音乐特别有感觉，如果是做音乐选秀节目，可以让他对接一些音乐方面的事情。之前有一档音乐选秀节目，组里有一位年轻的实习生，整季的选手有 108 位，其中有 60 位都是这位实习生报的选手，而且都通过了。因为她是学音乐的，她能区分选手唱得好不好，而且她报的选手最后都取得了好成绩。之后，节目组就给她找了一个很好的方向，让她对接所有节目的音乐总监，很多节目都有音乐总监这个职位。通过一个个节目去挖掘潜力，当她对接完音乐总监之后，又发现她有良好的沟通能力，后来又让她承担资源统筹的角色去对接核心资源；当她做艺人统筹时，又看到了她的闪光点，下一个节目就可以让她做一些商务上的尝试……其实，这一切都是动态的，可以通过一个节目去了解一个人、熟悉一个人，然后不断地让这个团队流动起来。组建团队很重要的一个方面就是要了解你团队里的每一个成员，最后反思你的策划方案。其实，一个策划方案，只是一个“纸模式”，并没有落实到实施当中。这时，你要反复推演策划方案，和团队一样不断地发生动态变化。一个项目从策划到落实会有很多变数和突发状况，遇到情况千万不要一条道走到黑，可以换一个方向走走。有时，并不一定是通过节目内容去找团队，很多时候是先有了资源，再反推是不是可以做一档这样的节目，再反复推演你的策划案和团队是否可以匹配。

第三节　团队建立的标准

我们了解了团队搭建的方法和注意事项，接下来就是怎样管理团队了。一些团队最后会解散甚至不欢而散，都是因为在管理上出了问题和疏漏。如果要管理好团队，首先要给团队建立一个标准。

团队建立标准可以归纳为以下几点：

第一，安全。对于团队的员工以及节目组合作的工种，一定要签安全承诺书和安全协议，并进行安全教育。一个团队不会因为业务能力散掉，不会因为做哪个项目散掉，但如果发生了安全问题，你这个团队基本上就在这个行业里消亡了。所以，安全是第一位的，也是重中之重。无论是做电视节目还是网络节目，首先要保证内容安全，仔细想想这个内容是不是有问题，哪怕做的是网络综艺，也要反复思考节目内容的核心价值导向。其次是团队的用人安全。现在都会有用人审查体制，对节目所用的艺人和素人以及整个团队的工作人员进行审查，他们会不会涉及用人的风险，比如说社会形象、个人品德等，这也属于安全范畴，是要认真考虑的。还有一个是人身安全、录制过程中的生产安全。安全问题强调一万次都不为过，一定要向团队传达安全意识。通常录制工作强度大，工作会比较累，安全生产上也会有很多疏忽，所以要时刻提醒团队保持安全意识。

第二，目标一致。一个团队一定要有清晰一致的目标，若团队整体目标不一致，或团队成员在一个项目中的目标不一致，很大程度上就会出现品质上的忽高忽低，这就要求有专业的稳定性。许多内容制作公司都坚持末位淘汰制，每年年底会裁掉一些员工。有些人在团队里工作许多年，但因为缺乏创新，或者说已经和团队的目标相差甚远了，他的状态就已经不适合留在团队继续工作。当你确信这个员工会拉低团队的水准时，便可及时做出调整，至少是岗位调整，他可以去寻找更适合他个人发展的平台。作为团队负责人，目标是确保团队专业的稳定性。

第三，行动步调的统一性。你会发现，你做的每一件事情，发出的每条信息，都可能带来蝴蝶效应，因此，团队所有人一定要保持步调一致、信息一致。如果团队行动不统一，就可能使团队目标发生偏离甚至导致发生节目事故。所以，说团队行动步调不统一是非常可怕的一件事。

第四，文化和价值观问题。在组建团队时，能为每个团队树立一个价值观。比如主流媒体的价值观是鼓励创新，做有思想、弘扬正能量，能让年轻人喜欢看的节目。有一些节目制作公司，其价值观是一种狼性文化，主张人和人之间平等竞争，保持一种激烈的优胜劣汰机制。这样做的好处在于，每个成员都会保持斗志，只要把工作做好，就能有自己的一片天地。总之，你一定要为团队确立一个正确的价值观，并且坚定地执行。其实，这是有助于团队形成统一步调的一个重要方式。

第四节　关于团队建设

▼ 如何建设一个好的团队，提供如下几点建议

第一点，将成本控制放在第一位。成本控制，是优秀制作人一定要认真思考的。

第二点，只是将优秀的人凑在一起，不一定就是优秀的团队，要学会合理地配置资源。

第三点，一切从内容出发，不要造成浪费和冗余。刚开始做制作人时容易缺乏安全感，会听很多人的意见，需要很多人一起出谋划策，然后确定方案，落实方案。

第四点，去哪儿找团队？可以从前辈那儿找团队，无论哪个工种，都是有所传承的。比如去找一家后期公司，要想方设法了解有经验的制作人是否用过这个后期公司，他跟这个后期公司合作的状态是什么样子的。

第五点，坚守“三七原则”。就是与外面合作的团队的员工与你原先团队里的老员工（跟随你一年以上的员工）的数量保持在 3 比 7 的比例，这个比例较为合适，否则团队品质是不稳定的，而且要有百分之三十进行创新的机会。每次做节目都要去努力创新，有可能会失败，但有可能会有惊喜，可以让你的团队增加新鲜血液；但要坚守最重要的核心内容，一定要用自己的核心团队。

第六点，坚守平均值原则。这个原则用于招募团队新成员时，对于应聘人员

的综合能力，应保证他的水平高于团队的平均值。为什么要这样做呢？因为你给他的信任高于平均值，他才能拉高团队的平均值。即使再缺人，我们都要坚守这个原则。你要判断，团队导演的能力平均值是怎样的，应聘人员的能力有没有高于平均值之上，或者他某一方面能力高于平均值之上，如果是，那么这个人就可以纳入自己的团队中来。

第七点，录制穿搭。一般来说，一个团队的成员在录影棚的穿着要尽可能统一，至少色调应该统一，因为所有成员要面对的人很多，要面对嘉宾，面对来现场的观众，还要面对合作方，所以，这时候宜保持一个整体形象。

第八点，电视行业是一个高强度工作状态的行业，在注意个人健康的同时，一定要学会关心所有团队成员的健康，这是作为一个团队领导者必须去做的事情，因为身体是工作的本钱！

第九点，管好一个团队，与其在微信群里给大家发红包，不如在每一场录制结束之后问候每个你见到的工作人员，说声“你辛苦了，感谢你”。这样做会给你的团队带来舒适的感受和很好的氛围。综艺节目导演是一个最有用也是最无用的岗位，虽说是核心，但离开了整个团队你会发现自己孤立无援。作为团队管理者，学会和团队保持良好的相处方式至关重要。

▼ 写给初入行业的你

1. 重视细节。对所有的方案、会议、标题、名字、版本都要清楚地加以记录，比如“20190212 奔跑吧 ××× 节目策划案第五版”，这个命名，就会给节目大大加分。

2. 建立确认制度。尤其在一个庞大的节目组工作，执行确认制度是很有必要的。节目组人多事杂，制片人或总导演不可能记住每个工作的细节，之前确认过的事在执行过程中有可能出现变数。所以，确认制度就是确保工作顺利进行的关键，也能让你避免承担一些不必要的风险。

3. 开策划会议时，不要轻易否定某个方案，头脑风暴一定要基于前人的成果进行思考，千万不要泼冷水。我比较认同这个模式，如果你认为我说得不对，你告诉我这个问题的解决方案是什么，或者你给出一个更好的方案。如果你只说这个方案不可行，又不能提出更好的建议，就会影响整个策划的进度。

4. 一定要有后期思维和自己上手剪辑的能力。在节目组工作，一定会有一个团队去帮你拍摄和剪辑，会有专业团队做这些工作……但是无论团队组织架构有多么庞大，永远不要忘了剪辑是每个做内容的人一定要掌握的技能。掌握后期思维可以让你在前期策划以及执行过程中保持更清晰和完善的思路，呈现更理想的效果。

5. 不要把个人生活中遇到的问题和情绪带到工作当中。这样做虽然残忍，但是公司付钱是让你完成工作的，不是给你做心理辅导的。这也是我非常推崇的一种团队管理模式，公平之处在于拿不出成绩时团队不会认可你，一切看成果，不是看你熬了多少夜，而是看你给团队做了多少贡献。

6、努力了也许会颗粒无收。即使呕心沥血做的节目也可能没什么口碑，甚至会遭到很多恶评。你可以发表个人看法，但一定不要带着节目组的名义发声。在团队当中，哪怕是一个微不足道的成员，他都是你组里的一员。怎样宣传和发声，在这个过程中一定要强调。我们经常强调做节目最重要的是保证安全，除了剧组人员安全，确保没有安全隐患，还有就是保证宣传口径上的安全。一定要反复提醒每个成员，如果在某个社交媒体发声时，舆论会给你套上你是某某节目组的外衣，导致被动局面。

7. 没有实力支撑的个性只能叫作任性……每个人都有个性，你可以有点小脾气，但前提是业务一定要好。与其他行业相比，影视圈确实包容性更强，也更尊重个性，若你业务能力好，所有人都会尊重你。

8. 努力成长。进入这个行业，你会发现团队成员都有着不同的专业背景。但是，这个行业的门槛并不低，你拼的不仅是知识储备、人脉情商、强大的关系网，还有比你优秀、比你努力的人有很多这个事实。现在一线节目摄制组里的90后都已经拥有二三十档节目的工作经验了，电视圈永远不缺新鲜血液，所以要请你抓紧时间快速成长。

9. 如果你是一位刚入行的新人，对于行业的一些规则要做到心中有数，但不要放弃审视的眼光。电视行业有一些缺陷和不足，比如无节制的加班熬夜、版权意识弱等。有些现象一时没办法改变，但如果没有人质疑，就不会有所改变。

10. 作为刚进入节目组的实习生来说，可能离搭建团队还有些距离，但是离管理团队可能并不遥远。管理一个团队不是一件容易的事，如果你希望带着团队向前冲，那么，你要对你的团队有一个清晰的规划，要明确团队的性质以及让团队资源配置最优化，这也是我们在工作实践中要不断去思考的问题。

【思考题】

1. 列出几点你认为在团队搭建中需要注意的事项。

2. 目前主要有哪些节目播出平台？这些平台的目标受众都有哪些特点？

第五章
拍摄执行

5

一档节目到了执行阶段，就非常值得期待了。经过前期做的大量策划和准备工作，你的想法将最终呈现在镜头画面上。在前几个章节我们提到过，关于综艺节目的分类，无非两大类，一类是棚内综艺节目，另一类是户外真人秀。近年来，国内外综艺节目呈现出一种多机位、多视角的状态。总的来说，就是节目制作成本有了提高，观众的审美要求也越来越高，若仍按以前布置机位的方式，或者采用几个简单的视角和剪辑方式，是很难满足观众要求的，还要考虑赞助商的需求。所以，我们必须在拍摄之前把所有问题都考虑清楚，把所有问题整合出一个有效的解决方案，这样才能保证在有限的拍摄时间里完成录制要求。

在本章，我们将以《突出重围》这档节目来分析执行层面的相关内容。《突出重围》是一档职场选秀类节目，这档节目灵感来源于美国商业运作技巧类真人秀《学徒》(*The Apprentice*)，节目每集均授予营商成功之道。《突出重围》这档节目每集有一位商海传奇，由他来选择“弟子”，跟他一起完成创业或商业上的创新。我们以这档节目为例，分享一些节目执行上的策略和方法。

到了节目执行阶段，一定会出现很多我们在策划时没有想到的问题或突发情况，甚至有时候会遇到经费不足、演员不配合、设计内容与现实条件相悖等问题。“执行导演”其实就是传达所有工种表达的一个专业术语，通过综合的理解、判断，再去传达、沟通和执行。

第一节　镜 头

一档综艺节目或者真人秀通常有十多个机位，但是机位再多，相同被摄主体区域所布置的机位，都还是遵循镜头景别的需求来进行拍摄的，这也会涉及一些特殊的镜头素材。首先，我们来认识一下景别。

景别是指被摄主体在画面中呈现的大小和范围。常见的景别有：远景、大全景、小全景、中景、近景、特写、大特写。为了画面灵活的视角，有时也会使用特殊设备机位进行拍摄，为了方便剪辑师调用素材，后期一般会以设备名称命名。

斯坦尼康：一种稳定器，一种轻便的电影摄像机机座，可以手提，它摆脱了轨道、推车及重型摄影机平台的移动限制，可以适应山地、台阶等更多环境，可以完成更为复杂的移动长镜头拍摄。

滑轨：把摄影机安装在移动滑轨上，或者配上滑轮。它的语言意义与摇镜头十分相似，只不过它的视觉效果更为强烈。滑轨机位在棚内使用比较广泛，轨道可以根据舞台的形状来进行安装，有的是直的，有的是弧形的。

摇臂：将摄影机安装在升降机上面进行移动拍摄，因此形成一种富有流动感的拍摄方式。摇臂在棚内综艺里一般用在开场和歌舞秀里面。在真人秀节目中主要用来带出所在的环境。

Gopro：在玩游戏、运动环节中可以绑在物体或者身体的任何地方，记录摄影师无法跟拍的镜头。在一些真人秀节目中，也常用来做监控机位使用。

无人机拍摄：无人机的高低空拍摄，大大丰富了户外真人秀节目的视觉体验，被称为“美景制造机”。

飞猫：飞猫索道摄像系统的简称，按照运动方式可分为二维飞猫和三维飞猫。二维飞猫有两个支点，支点间用索道链接，索道上搭载摄像机承载用的小车，拍摄跨度可达 1000 米，适合大场景拍摄。三维飞猫共有四个支点四条绳索，地面上配套了驱动系统和操控系统，具有自由灵动，镜头无限旋转的特点，可使摄像机在预设的三维空间内任意移动、悬停飞行，提供非同一般的视觉效果，突破云台壁垒极限。一般在体育场、广场、国际会议中心使用，适合大型晚会、开幕式及运动类项目。

第二节　机 位

这档节目一共有十个机位，但并不是所有节目都是机位越多越好。当然，像《挑战不可能》或《故事里的中国》都设了 18 到 20 个机位，包括一些特殊设备。其实，通过拍摄总结出来的经验，我们在布置机位设计镜头的时候要遵循两点：一是纪实性记录；二是补充性设计。

▼ 纪实性记录

如果做一档访谈类综艺节目，带一些游戏环节，设计的舞台是一个弧形的，包括主持人在内一共三位嘉宾。一般来说机位的布置如图 5–1 所示：四个机位，一号机拍大全景，二号机和三号机交叉拍摄。比如主持人的位置是 A，嘉宾的位置是 B 和 C，如果二号机拍 A 和 C 近景和中景的话，可以从 B 对面这个方向拍过去。为什么呢？这是为了更多地拍到 A 和 C 的正脸，这也是根据录制内容和嘉宾行动线来定的。三号机位拍 B。再加一个机位，即四号机。四号机位是一个动态机位，用来补充关系和缺失的特写镜头，它其实是最忙的。四号机必须找一位比较有经验且有一些导演思维的摄像，他在补充关系镜头和一些配合画面的时候，必须时时看着其他摄像在拍什么，以便查漏补缺，避免镜头重复，保证画面的多样性。

再回到纪实性记录，节目里的所有环节或涉及的游戏状态都必须全程记录下来，这就是纪实性记录。比如《奔跑吧！兄弟》，有一些机位是一直在跟拍的，因为你不知道下一秒会发生什么，必须有机位全程跟拍，以保证内容和画面的完整性。可能会有人提出疑问，是不是只要把纪实性内容记录完整作为一档节目就可以了？这当然是错误的，这就是接下来要讲的第二个方面，叫补充性的设计镜头。

▼ 补充性设计

节目的镜头是有设计和调度的，三个人的访谈或游戏环节总会缺失一些镜头，比如三个人坐在一起时，三个机位的特写镜头基本上能保证。但是我们还缺一些运动性的设计镜头，第四个机位可以换成斯坦尼康这种特殊的拍摄设备，能拍摄到固定机位无法拍摄到的画面和角度。整个节目录完了，导演一定要记住关键性的一点，就是尽量避免穿帮。一般来说，韩国综艺节目里经常有一些穿帮镜头，这是根据节目来设计的，有一些画——比如交代环境的全景镜头是可以穿帮的，还有一些镜头是经过设计的，比如导演入镜与嘉宾互动等，这些都要根据内容来定。几乎没有节目是从前面把机位都安排好，然后记录一遍就万事大吉了，这是

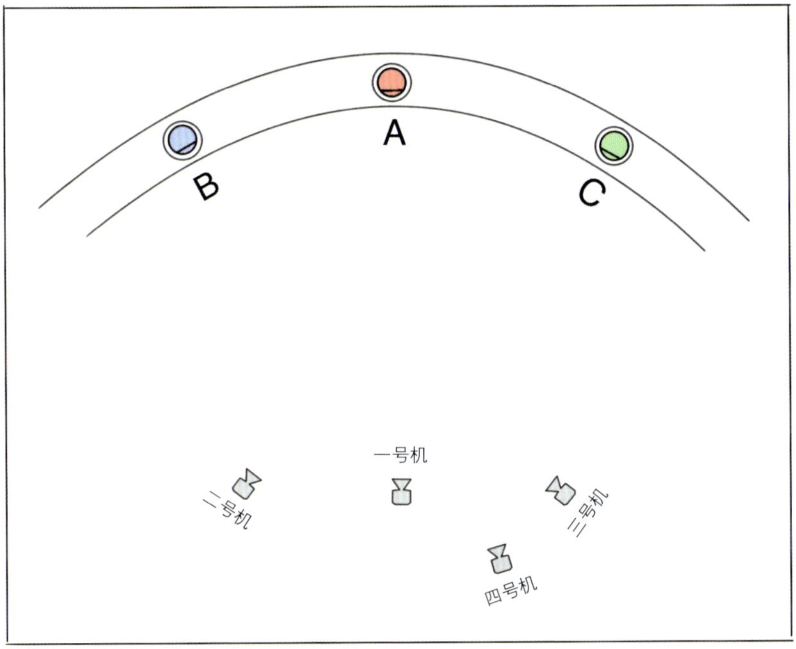

图 5-1　机位设计 1

不可能的，都是要补录镜头的。

我们回到《突出重围》的开场，节目开场设计是一个人一个人陆续出场，每个人的出场都有一些设计，包括光线，还有一些镜头的运动，最后有一个高角度镜头，是所有人都聚合到一起的镜头，那个镜头是用摇臂来完成的，也可以用航拍镜头完成，如果条件允许的话，用航拍可能更合适，因为不需要收声音。还有在天台那一场拍摄，是非常有代表性的机位，是表现这种对抗性、选拔性时刻的机位设计。那个天台其实是一览无余的，站位是相对的，我们要拍到那八位门徒的正脸，还要拍到三位导师的正脸，但他们又是相对站立的，如果我们从徒弟那边拍师父，或者从师父那边拍徒弟，这两个机位会对穿。所以，我们中间必须留一条缝隙，八位门徒，四个人一组，分两组站成一排，与三位导师正面相对，机位都是在这八个人的斜侧（图 5-2）。

加上航拍一共用了十个机位，最后那些航拍是没有穿帮的，画面非常干净，这就是刚才提到的补充性的设计镜头（图 5-3），包括出场镜头也是刚开始就设计

图 5-2 机位设计 2

图 5-3 机位设计 3

好的，我们按流程让摄像先选好点。在综艺节目里这叫“打点”。电影的打点和综艺节目站位那个打点是两回事。电影里或广告里的“打点”是根据镜头或剧情的发展去打点。我们在拍这种户外节目站位的时候，必须把所有的点位都设好，就是我怎么站，站在哪个位置，都要给嘉宾带一遍。一般来说，要带嘉宾走一遍位。我们在执行时不要觉得已经跟嘉宾说过了，就请嘉宾直接走位。为了以防万一，一定要带他们走一遍，不要嫌麻烦。作为导演，首先自己走一遍或演一遍这个过程，特别重要，因为你再走一遍或演一遍时会发现大量问题。其实也是在走位的过程中，发现应该如何站位以及布置机位。

▼ 机位设计

在户外平台上，所有人相对站立出现的问题是不能完全拍到人物的正脸。作为导演必须有一个判断，这就是本章开始时提到的“纪实性记录”。这样设计是很难拍到完全正脸的，即使把九个机位都安排上去，也很难拍到。因为这十一个人的位置是不动的，也就是被拍摄主体的位置是固定的，那么这九个机位是如图5–4这样安排的。

如图5–4所示是三位导师和八位学员站立的位置，拍摄重点除了中间的A，要用一个机位单独拍摄，另外一个机位拍A与两位助理B和C的关系镜头，谁说话，镜头可以给到谁，中间的机位是固定的；八位学员的机位很好理解，要保证有三个近景，三个机位是三个近景，再往一侧偏——近景会比较侧；同样，它是一个对称的，这就要求把所有机位都固定下来。因为主体不动，我们把所有人都纪实性地记录一遍，接着是一些特殊角度，可以拿出一个镜头设置机位，这个镜头就是补充性镜头。把机位再挪到正面，可以一面一面拍，如果时间不允许的话，

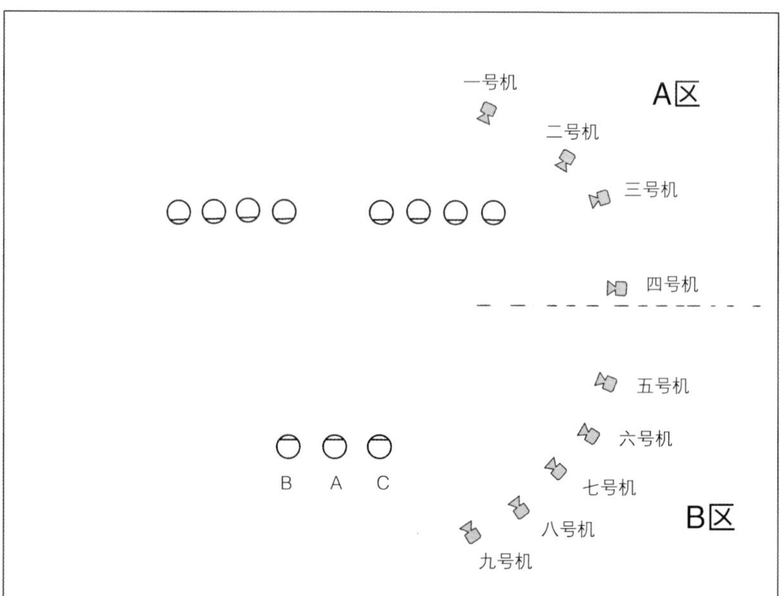

图5–4　机位设计4

这九个机位也完全够用了。如果是八个机位怎么办？那就把八号机或九号机拿掉，或者把三号机（固定侧全景机位）拿掉。这些人的状态是很重要的，因为我们要做养成类真人秀，养成类真人秀的队员非常重要，导师其实就是一个MC（主持人）的感觉。如果只有七个机位怎么办？作为导演，你必须要布置机位，那么导师和学员两边的机位尽量不动，保持一边三个，有一个机位必须灵活机动，可以去掉八号机或九号机和三号机位。所以A区B区两边各保留三个机位，一个游击机位可以来回抓拍个人的状态。我们在拍摄时要学会听内容，否则在剪后期时会受到掣肘。比如只有三个机位，我现在正在拍跟A说话，成熟的摄像会一直盯住A，或者说带着关系，摇到其他观众上，就是来补充这个内容的，不是说是谁说话镜头就给谁，谁说话给谁镜头只是一个非常传统和基础的拍摄方式。

在天台场景的航拍是第十个机位，用来拍摄补充性的全景镜头，这时把所有机位都调出去，从导师那一侧往学员那边飞，再从学员那一侧往导师那边飞。地面上放置一个贴地的低角度机位，学员一侧留空，留空原因是这样拍，导师和助理三个人的小全景就有了。

至于说这十个机位，一个机位保住一个重要人物，这里边谁说话最多，是导演和摄影必须清楚的。A说话最多，所以有一个机位（一号机）负责拍摄A，另外一个机位（二号机）对准两个人，就是A的两位助理（B和C），比如B说话了，可以先把镜头给她，但是C突然说话了，这中间就需要用一个小全景（三号机）过一下，再切到C，这之间的镜头是要有个过渡的。不要认为有几个人，就给几个机位的近景，我们还要考虑预算。包括那些大型节目，也不可能说有三十个队员，准备三十五个机位就安全了，这样做除了预算，也得考虑机器放置的场地问题，有时拍摄空间有限，并不是说机位越多就越好，可能场地放不下这么多的机位。所以，导演一定要有导播思维和摄影思维。有人可能会提出疑问："我录节目有导播，有摄影指导，作为导演，参与这个节目的工作是什么？"可以这样说，如果在棚内，资金充足或条件允许的话，只做导演工作是可以的，但如果是在户外拍摄，比如拍摄户外真人秀，要做一些任务或做一些探访，真人秀导演很多时候也承担摄影的工作，通过镜头直接反馈导演思维。而且在拍摄时，还要不断调整自己的拍摄思路和架构故事的思路。

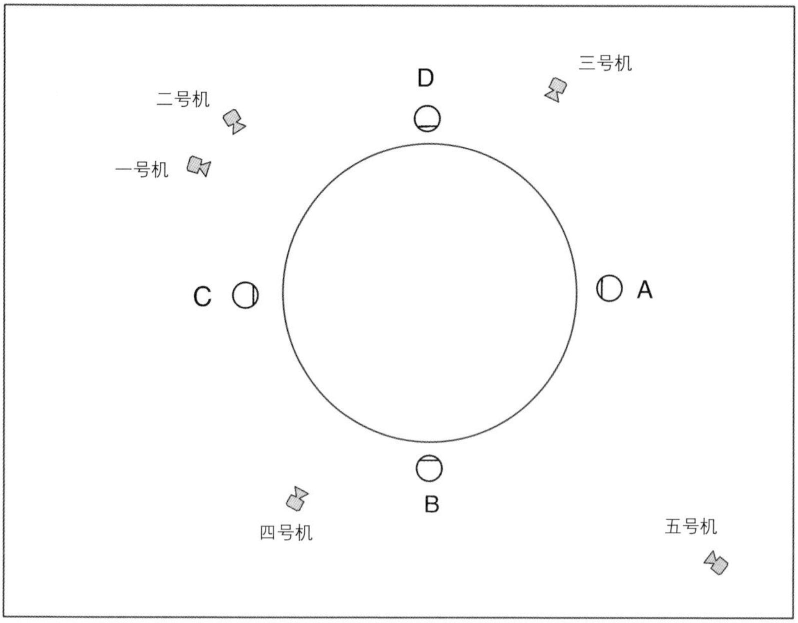

图 5-5 《圆桌派》机位设计示意图

语言谈话类节目《圆桌派》的布光方法，是具有一定代表性的，它是在一个封闭的棚内置景，中间放一个圆桌，四个人坐在那里聊一些话题。节目刚开始没有全景，这又回到刚才讨论过的那个方法——“纪实性记录和补充性设计”。《圆桌派》的机位如图 5-5 所示。

A、B、C、D 四位嘉宾围着圆桌两两相对，一号机可以和二号机靠在一起，一号机和二号机分别拍摄 A 和 B 的近景，三号机和四号机分别拍摄 C 和 D，移动的全景是后来补充的机位，为了避免穿帮，导演根据话题切入补拍全景的镜头。这种节目有一定的画面制作要求，不能像真人秀那样追求纪实性而忽略机位是否穿帮。同样的问题，另外一边也没有全景，这就要看嘉宾的重要程度，如果说是窦文涛和另一位重要嘉宾，那么这两个人一定得有一个小全景，其他人可以是特写，这很好理解。这些都拍完之后，所有机位撤出来，再补各个角度的全景。

在灯光布置上，一般以 1.2K 球灯和 2.0K 圆形灯笼为主（图 5-6），整个白罩其实就是一个大的流光体。但是光从上面打下来会出现阴影，解决办法是因为在拍特写，机位不用来回摇拍或挪动，而灯光就在摄影机旁边，只要直接补光就可

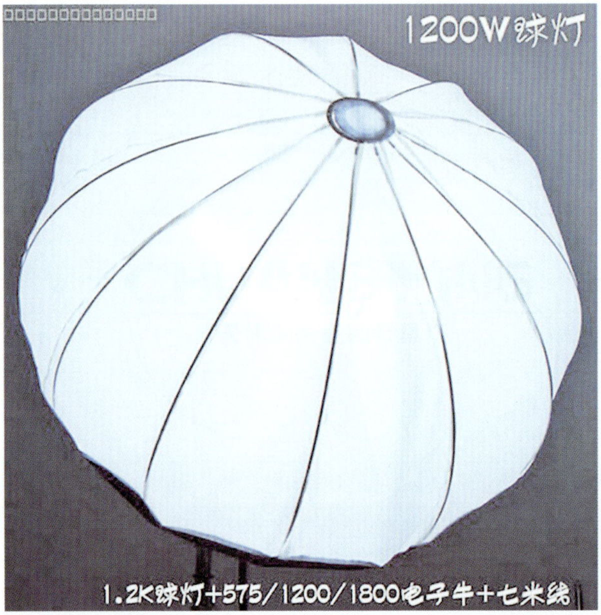

图 5-6　1.2K 球灯

以了。

做这种圆桌聊天谈话类节目，其实是一个不大不小的尝试，而且容易做得比较成功。首先话题好，主持人窦文涛不管是知识储备还是镜头感都让人觉得他们就是在聊某一话题。但如果从节目视听规范来评判的话，其实很多镜头不是很合适的，比如说该切一个小全景时，却只给了一个近景，发生这种情况可能是场地受限只能拍特写。

如果拍两个人谈话，正常来说要布置三个机位，一个是全景，另外分别是两个人的特写镜头。如果是三个人谈话，那么四个机位是比较合理的。三个机位能不能拍？也可以，这样就必须有中景，要有变化。三个人三个机位的话，要保证其中的主持人角色，在安排任务时，这个人是主要的，一定要有一个机位保他，另两个机位可以机动地保另外两个人和带关系的镜头。假如预算有限，只有两个机位，但要拍三个人怎么办？建议用一个机位拍全景，另一个机位做游击拍摄。还有一种办法是两个机位拍三个人说话，其中一个机位要拍到单人特写和两人关系。这个机位特别忙，如果你觉得还不够极致的话，还是觉得有可能漏掉一些镜头，那最安全的方式是将这两个机位分配好拍摄对象，假如这三位嘉宾都特别重要，但是只有两个机位，比较传统的拍摄方式是用一个机位保一个全景，另一个机位机动抓拍说话的嘉宾。比如主持人 A 一直在说话，嘉宾 B 有可能不停地抢话，但观众最爱看的是 C，C 也说话了，如果这个机位只去照顾 A 和 B，却忽略了 C，那就是重大的拍摄事故，因为 C 没有镜头，只靠全景是说明不了问题的。这时，导演必须做出选择，就是把这个全景机位换成嘉宾镜头，开始时为了保住这些纪实性镜头，可以拍单人和带关系的镜头，最后用补充性镜头来补全景，这样各个角度的全景都补到了。这时，导演要记住每个内容的话口，做到不穿帮。

第三节　声 音

目前在户外拍摄节目，收声设备上基本以无线便携领夹式麦克（俗称“小蜜蜂”）为主。《突出重围》这档节目的收声也是以“小蜜蜂”为主。索尼 F–8 或 F–45，一般只能带八个通道的声音，一个录音机只能带八个通道“小蜜蜂”的设备。作为节目导演，一定要了解这些情况。重要的可能是七个人，都戴着“小蜜蜂”，还剩一个通道，怎么办？另外那三个人可以用吊杆指向性话筒去收声音。还有便是纪实性和补充性的声音。在拍摄中，纪实性和补充性的声音都很重要。补充性的是指后期想怎么架构内容，缺什么镜头要去补充，包括一些比较炫的或高速镜头，一些更能体现形式的大特写等，声音也是一样的。

真人秀录音团队的构成通常是由录音指导、录音师、录音助理组成。录音指导是录音团队与导演组沟通的一个桥梁，也是录音组的负责人。一般的户外真人秀节目，以现场录音为主，以补充录音和后期配音的形式为辅。现场收音一般以“小蜜蜂”为主，以摄像机机载指向性话筒和吊杆指向性话筒为辅。声音记录的方式，采用摄像机与多轨道录音机同时录制的形式来完成。吊杆指向性话筒是在嘉宾或素人不能佩戴“小蜜蜂”，或一台收音机不能同时收录太多通道的声音，以及有其他群众演员的声音临时需要收声的时候，作为应急的收音方案。比如竞技类真人秀，嘉宾在节目录制过程中因动作幅度大，佩戴“小蜜蜂”收声会对声音质量产生一定的影响，造成收声困难；或者在行进过程中，容易造成设备脱落等，这种情况就需要吊杆话筒来进行补充性收声。目前，大多数户外真人秀节目都以嘉宾佩戴“小蜜蜂”的形式进行收声，也有在室内固定场景拍摄的节目全程采用吊杆指向性话筒进行收声，这种形式要在避免话筒穿帮的前提下尽量靠近嘉宾进行收声，以保证声音的质量。

还有就是环境效果声音。根据具体内容，环境效果音是录音组与空镜组配合完成，或者录音师根据节目内容制作需要，独立完成环境音的录制。环境音是节目音频艺术质量的重要组成部分。

同一期节目不同时间录制的内容，都要保持一个稳定的录音电平。录音组要在录制过程中每天及时做好素材管理，更换存储卡，并做格式化处理，按照录制时间整理好声音素材。

第四节　灯 光

▼ 棚内节目灯光设计

从节目内景可以看出来，比如棚内部分，我们看到的所有广告权益布置，有些黑背景的，有些喷烟雾的，在摄影棚里稍加改造，就能拍出那样的效果。摄影棚里其实就是舞美和灯光的配合，以及导演在摄影镜头上的选择。

在拍摄执行时，并不一定能完全按照你在前期策划时的思路、要求以及配置去进行落实。如果在棚内拍摄，上面的灯光打开是个逆光，如果前面没有布置一个 45 度正面光的主光，人的面部便没有层次。当时，拍摄的酒店是不让挂灯的，所以只能在正面打 LED 灯来补充人物面部的层次。另外，在拍摄过程中，全程是拉着窗帘的。布光的基本原则是什么？光是从哪儿来的？就是说，你进入一个场地后，你要把所有光都封住，并考虑这个光怎么布，哪边是主光，哪边是辅光，把光都封住后，你才能控制光。一个场景里要有一个主光、一个辅光、一个轮廓光，还有点缀的一些灯条等，在有些高光处还得补光。有的还要根据内容，做出密室密谋的感觉。因为这个场景空间氛围感很强，整个人可能都是卡边的那种状态，就很像一个小空间。

因为节目设置是分队的，四个人一队，一共分成两队，在两个小的空间里，其实就是做出一种密谋商量的感觉，而不是做成访谈节目。这一环节场景选择在酒店里，目的就是做出密闭空间感。我们在设计灯光或场景选择时，一定要根据故事内容走。

通常演播厅舞台上大多数是射灯，这种光比较粗糙，打出的轮廓会很明显。有些艺人对光的要求较高，就得把光做得精细一些。怎么精细？多加一些 LED 灯，少用射灯，多用 kino 灯，因为它们的光线比较柔和，再多加一些入光纸等。少用 650、1K、红头这些聚光灯，红头灯已经被现在的电视和电影淘汰了，而且不安全。在配置时，如果有条件，就做成一些“灯笼”（如图 5-7、图 5-8），将灯笼吊在上边，因为它是一个大的柔光体，形成一个光的漫反射之后，打到人物面部上会非常柔和；如果这种灯打在一些轮廓较清晰的男性面部，容易形成阴影，可以在正面补光。当然，如果艺人面部有些瑕疵，比如有痘或雀斑，办法就是用一些能降低面部细节的柔光。当然，尽量别用这种办法，因为工作量会很大，还有一种办法就是做后期处理。

图 5-7　未使用柔光箱效果

图 5-8　使用柔光箱效果

▼ 户外节目光线处理

白天在户外拍摄，主要是自然光，还有一些灯光。跟拍时，尽量跟一个机头灯，如果有条件，再跟一个音频。如果没有条件，就把音频的那个“小蜜蜂”挂在摄影机上。如果灯光也没条件，就在机头上挂一个机头灯，也方便从室内到室外的转换。运用色温是有技巧的，一般把色温打到5200左右，因为室内色温可能比较高，一下到室外，如果用纯色温的话，在室内色温正常了，到室外就会变蓝。

第五节　沟通技巧

节目到了拍摄执行阶段，导演会和许多人打交道，包括节目组的各个工种以及和嘉宾选手的沟通。有些嘉宾面对镜头时的表达可能难遂我愿，他们可能不是专业演员，面对镜头时并不能表达导演想要的效果，出现这种情况是难免的。针对这种情况，导演可以通过与对方沟通，把这些问题在前期给列出来，然后想出解决的方案。比如，对方看了台本之后一句话都记不住，那只能把他要说的每句话都写下来，拍摄时在一旁展示给他看。这样做可能使画面不自然，解决办法是给他时间多读几遍。作为导演，你要引导他，首先是要“导”，实在不行再给他“演”，这个演包括角色的转换。还有，有的记者在采访时拍出来的东西就非常自然。如果在采访过程中某个环节的内容不是节目组想要的，这便需要沟通技巧，首先提问句是一个简单结构，主语是被采访人，比如“王老师，您想表达的是不是……”“是不是”后面的内容就是你要的干货。你可以说：“您是不是这个意思，我觉得这个意思非常好，那么请您再说一遍。”但王老师可能说了一个跟你想象不相关的内容，我们只能通过一些方法进行调整，比如“王老师，您刚才说得非常好，那您说的是不是这个意思……”把他的话变成自己想要的内容请他再说一遍。再说一遍后如果还是没有达到效果怎么办？我们可以试着继续沟通：“您说得非常好，我觉得如果能把一些细节点补充进去会更好，我们再报一条……”总之，通过反复沟通，达到你想要的效果。记住，这是一个小细节，但是在拍节目时，一定要有这种谦卑和耐心，才有可能达到你想要的呈现效果。

第六节　执行策略

▼ 场 地

对棚内综艺节目来说，进到一个场地最重要的是要确定什么？如果要布置机位，首先应看这个场地的大小，包括挑高、长宽、纵深以及空间里所有的角度。这是所有棚内节目到了执行层面进行勘景所要做的事。户外真人秀也是一样，导演前期要进行勘景，进而进行后续的设计。

▼ 设计冲突

导演在做真人秀策划时，在保证真实性记录的同时，为了使节目呈现效果和富有戏剧性，要做一些设计，埋一些点，去激发选手之间的冲突。可以说，导演在这里是做一个“两面三刀的人”。但这样做可以艺术性地得到你要的东西。作为导演，不能直截了当地告诉双方，可以起冲突了，然后把冲突记录下来。真人秀是一种控制下的“失控”，导演必须掌控情节的推进，包括通过节目内容去激化冲突。《突出重围》这个节目是把八个人分成两组，四个人一组，交代同一个任务，看最终哪个组销售成绩好，哪个组销售得多，失败的那个组进行末位淘汰。许多真人秀节目都爱取这种淘汰赛制。

我们在录制前要有心理准备，比如在和嘉宾、艺人进行前期沟通时，有的是通过电话沟通，可能前期沟通没有问题，可是镜头一开机，效果却不如预期那么好。这种情况是经常出现的，怎么办？我们先说说技术上的问题，比如一个全景，两组队员相对而坐，这时，作为导演一定要把“纪实的记录和设计性的补充”记在脑中。纪实性是先提出一个话题让大家聊，比如先聊一聊今天要做什么，聊一聊战狼队人到齐了，所以他们提前得到了餐厅售卖的位置，这个是有些优势的，至少在节目上提前知道售卖地点，好做一些相应的准备。另外，有一位队员迟到了，那时就不要在乎镜头的质量和画面美感了，拍着了就是好东西，这就是真人秀的部分。到了节目的后半部分，两组队员的矛盾冲突升级，这其实也是一种养成和任务变化，都是通过镜头一点点地记录并通过情绪点往上推的，在一些环节上，导演是要埋情节点和激化冲突的。有一个队整体看着很和谐，但其中一位队员其实一直在激化矛盾，甚至是找茬儿，但录制时间太短了，条件有限，导演只能在有些时候生造一些矛盾，但没想到后面真有了大矛盾，直接对规则进行了挑战。所以，一个队员原则上是跟两个机位，全景抓队员的状态，两个摄影师要配合。导演这时一定要告诉摄影师，无论怎样要保住全景，保全景的摄影师不需要去推一些特写。另外，如果条件允许，特写拍摄一定要稳，因为户外真人秀中的人物在不停地游走，摄影师不可能一直都背着斯坦尼康。在“跑男”里，也是有纪实性记录和设计项上的补充的。嘉宾们的相遇也是设计出来的，比如 A 和 B 又遇上了，跟着两个导演的 PD（跟拍导演）会沟通：“我们现在在某某处，要不咱俩相遇一下？”“好嘞。”导演可能给 A 一个提示，你往那边看看，A 明白了，觉得这个导演跟他是一路的，往那边一看，然后 B 那边的跟拍导演说，你刚才是不是忘了点什么东西，B 就往回走，回去时 A 和 B 遇上了，然后就有了戏剧性的冲突和看点，这就是补充性的设计。

我们在拍真人秀节目，甚至是综艺节目的时候，大部分时间是无聊的，如果你内心不够强大，甚至说不能对节目有一个整体把握，越拍，你会越怀疑自己，嘉宾也会越拍越觉得别扭。如果嘉宾的状态一开始就是那种割裂感比较强的，我们会不停地打断进度，这对整个节目的流程和效果都是不利的。所以，一定要让嘉宾和素人充分暴露在镜头下，他们刚开始会有些拘谨。作为导演，这种情况是很好解决的，可以让他们充分地表达自己，大家待在一起时间长了，褪去客套拘束的面容之后，真实的性格之间就会慢慢发生碰撞，再设计一些冲突点，节目就有趣了。

▼ 避免穿帮镜头

在《突出重围》里，两组队员分别在三里屯推销快餐，户外的机位是一个全景、一个近景，但是也有两人相遇的，因为三里屯的范围就那么大。两人相遇的镜头，一定要跟摄影师说好，用全景，如果说 A 跟 B，每个人都跟着 PD，八位选手基本上跟了五个 PD，如果 A 和 B 相遇，是谁撤？哪组的摄像往后撤要规划好，因为如果都碰在一起，镜头就会穿帮。当然有很多大型户外真人秀，比如“跑男”和《爸爸去哪儿》，对于穿帮镜头没有要求太多，甚至很多摄影师都进到画面，还和嘉宾互动等。但是从规范来说，尽量避免镜头之间穿帮。比如，摄影 A 跟着嘉宾 A，摄影 B 跟着嘉宾 B，当嘉宾 A 从左边拐口进来了，嘉宾 B 从右边拐口进来了，这时，镜头势必是要往中间去甩的，这要提前说好，如果说这种情况出现了，嘉宾 B 那边的摄影 B 往后撤一下，这些画面就都能拍到，往后一甩，出现的就是一个相遇的画面，那边就是一个带关系的，甚至说是一个正脸嘉宾 B，这场特写就解决了。这些问题都会在拍摄和后期剪辑过程中体现出来，可以提前设计好，做出一个完整的拍摄计划。

游戏有开始，就得有进行，还得有结束。怎么才算结束呢？就是导演必须得有一个判断，如果实在是没状态了，就得赶紧调整思路。这个就是更深一层的东西了，导演头脑必须灵活，适时地去调整自己的拍摄思路和拍摄方法，这是非常重要的。

▼ 户外真人秀声音的重要性

在户外真人秀节目的拍摄过程中，有时候声音比画面更有价值。在《突出重围》第一集中有一个环节，两组队员比赛推销快餐，一位队员戴着“小蜜蜂”进入一家餐馆，这家餐馆在一个小胡同里。他进门之前对导演说：“你先在门口拿着机器拍，我先进去沟通一下，你们过一会再进去，行吗？”然后，摄影师通过“小蜜蜂”听到有一些违反比赛规则的“内幕”，这都是真实的，没有一点作假的行为。最后就因为这个行为，所有矛盾点都爆发了……这就是真人秀的魅力，即使有再好的编剧或再厉害的导演，也不会想到事情会朝这个方向去发展。但在拍摄过程中若挖到这一点，是要把它放大的。有时，我们的摄影机并非无孔不入的，并不是每个地方都能去，这时候最重要的就是声音。所以，声音有时比画面要重要，一个流畅的声音记录，对于节目来说，可能是一个关键的内容看点。

▼ 后期思维

作为节目导演，在现场执行过程中，除了要了解有关机位和灯光的布置，还要具备后期思维，知道是否有镜头的缺失以及问题出在哪里。审片时有个技巧，一定要找大屏幕剪，屏幕越大，拍摄细节中的问题暴露得越明显。剪完片子，先对着屏幕看一遍，看完之后，再重新播放，距离屏幕 1 米远，重新审视一遍，如果距离 1 米远检查后觉得没有问题，那就问题不大。如果距离屏幕 1 米远观看片子，觉得问题很多，那么这个片子一定是有问题的，这是一个经验之谈。这是站在第三人的视角去看，很容易理解。

▼ 纪实的重要性

这里要再强调一下，作为真人秀导演，纪实性的内容是最重要的。在拍摄过程中，两位素人可能正因某件事的意见不一致而发生冲突，但因为场地限制，后边有堵墙，现场导演就引导两个人去往另一个方向。但此刻，这两个人就在那儿正面交锋，导演这样一说，他们立刻意识到镜头的存在，后来的表现状态便一塌糊涂。如果遇到这种情况，你可以先把这个状态记录下来，那么这个拍摄内容就很丰满了。如果觉得画面不完美，还可以进行补充性的设计，再对镜头进行补充拍摄。

我们在之前的讨论中一直强调纪实性的记录，那么，哪些是纪实性的呢？发生冲突、争辩都是纪实性的，这个内容后面是补不了的，如果补拍就没有现场的那种纪实感，剪到后续里会有割裂感。补充性的镜头是选手们进门的这一环节，镜头直接就交代明白了。导演在做节目时，一定不能嫌麻烦，你要让嘉宾知道他进入了一个什么场景，要做一件什么事情。比如张兰坐在正中间，她要去叙述所有的事，由于空间限制，舞美设计不是环形的，这个拍摄难度是很大的。所以，有一个高调的镜头是通过“上帝视角”，也就是观众的视角去表现这些人到底在干什么（图 5–9）。

这里有一个技巧，当时机位没有天台那场那么多，天台的机位是这集里最多

图 5-9　观众视角

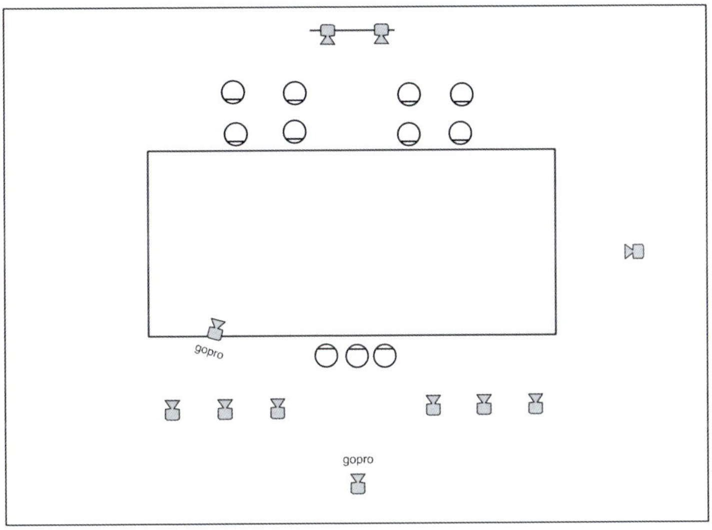

图 5-10　观众视角机位示意图

的，一共有十个机位。但是这个场景加上桌子上 go pro 的机位一共是十一个机位，其中固定的机位有八个，要记录这十一个人的状态，所以后边四个人的站法也是有讲究的。两个人在前边，两个人在后边，就可以扩一个机位放到这个空间里，三个机位就保了两边的四个人，其中一个机位可以来回游走，其他机位主要目的是谁说话给谁（图 5-10）。

第七节　有关执行的一些建议

在一档节目执行过程中，一般都有好几个执行团队。在执行阶段可能会遇到这种情况：几个导演组都觉得自己拍的东西是对的，最后发现最大的问题是合不到一块，团队内部失调。如果导演内部没有沟通交流和互补的话，就会破坏节目的整体性。因此，在现场只能有一张嘴巴，这个嘴巴和大脑必须思路清晰，如果在现场纠结一些细节，那么节目的进度是很难向前推进的。有人说，影视艺术是一门遗憾的艺术，每次录制结束都有导演会觉得当时要是这样设计这样拍就好了。这是一个很好的工作习惯，每次拍摄结束都要总结经验，可以把这次的录制中总结的经验运用到下一次的制作当中。

有一些节目导演有着丰富的阅片量，也参与过广告和影片的拍摄，到了现场之后，他会用拍摄电影和广告的方式设计节目镜头。但他忽略了现实情况，因为电影拍摄可能有时候一天只准备一到两个镜头，而综艺节目不可能一天只拍几个镜头，它与电影不同。《突出重围》这档节目一集有一个小时的播出时长，一共拍了三天半时间，包括节目的开场部分拍摄半天，然后去高台拍摄，接下来是室内部分和其他外拍部分，这里面的内容也有一些进行了前后对调。导演还得有一种能力叫作“分场”，即分故事情节场景、分场地和现实场景等，这个能力会随着工作经验的积累得到提高。拍摄时，导演一定要沉得住气，只要按照台本进行，不要去打断嘉宾或艺人的临场状态，请他们自然发挥，如果觉得这些即时性的内容是不可行的，接下来就要去设计，让这个内容更丰富一些。

一般导演会有预设，我们在策划时会想得非常好，比如“嘉宾应该就这么说，艺人可能会有这样的反应……”，结果到了现场，嘉宾可能什么都聊不出来，什么内容都录不到。如果发生这种情况，作为导演该怎么办？他可以在现场直接提出话题，直接给“料”，让他们去产生“化学反应”。录制现场有各工种的工作人员，还有嘉宾、艺人以及现场观众，在众目睽睽之下，导演是最不能觉得尴尬的。作为导演，你是最了解甲方甚至制片人想要的东西的，因此要时刻保持思路清晰。

作为节目导演，我们在策划执行时一定要有导演思维。我们在执行过程中会经常遇到这种情况，比如你拍摄的条件不足以支撑你讲的故事。有一些方法可供大家参考，在策划阶段考虑一档节目该怎么做的时候，可以想这档节目的气质像哪部电影。当然，它的质感很难达到电影级别，但我们在策划这个阶段，可以先想一下哪部电影有这档节目的感觉，哪怕只有三五个镜头也可以，最终节目的质感会是不一样的。

导演必须明确机位和灯光，然后在开始协调各个工种的时候，一定要召集他们坐在一起，根据现场的内容和设计，开一次比较完整的硬体会。作为导演，这是必须要做的。在正式录制之前，把拍摄当天的全部流程完整地走一遍，包括所有工种的流程以及所有的硬体，不要嫌麻烦。其次，如果场地合适，景片要尽可能大一些。记住，不要做得太小家子气，它的宽度要尽量宽一点，这有利于在设计机位时多选择一些角度；如果景片窄了，正面没有问题，正面怎么拍，他都在景片里，都在你的置景里，但如果稍微往侧边移一些，因为场地太窄了，那么后边就没有景片了。另外，场地的挑高也是导演要比较关注的问题。

关于户外真人秀，一定要重视前期勘景，必须提前踩好路线。你要有一个完整的计划：从哪里开场，分小队或者说一队往哪走，走的路线是什么。这个路线是导演组提前安排好的，引导节目嘉宾去往那个路线走。还要做一些预设，会遇上什么情况，会发生什么情节，然后会有什么样的情节转折，最后怎样回来。路上的镜头不要觉得太普通或者太基础，也不能漏掉。尤其是真人秀，你在路上发生的情况有可能会带给你惊喜，包括机位的设置。如果你觉得在某一环节导演冲镜入镜对故事是有价值的，你就冲进去，大胆地冲进去，因为这是真人秀，不是在拍电影或广告，一切突发事件都可能对剧情的发展添枝加叶。

【思考题】

1. 作为一名节目导演，在执行过程中应该具备哪些素质？
2. 为什么前期导演要具备后期思维？

第六章
后期剪辑与包装

6

近几年，越来越多形式多样、类型丰富的综艺节目出现在各大平台上。无论是电视综艺节目，还是网络综艺节目，制作水准越来越高，视听内容的呈现方式也变得多样化。后期的二次创作方式越来越被从业者所重视。目前，一季大型综艺节目素材量最高可以达到 1000T，以前节目所有素材量加在一起也就 100GB 左右，素材量呈几何式增长，素材量与播出量的比例一般在 2000∶1 甚至达到 5000∶1，这样的体量体现了后期二次创作的重要性。本章将从后期创作的常用软件、后期二次创作故事线的建立以及工作流程等方面进行分析讨论。

第一节　常用软件及制作流程

目前大多数节目后期制作公司使用的剪辑软件是 Final Cut，苹果系统主要用的是 7.4，就是所谓的 7 版本，现在已有更高版本了，但还是以 7 版本为主。但是一些电视台和小型后期公司也会用到 Premiere，就是所谓的“PR”；还有一些公司使用 Cool Edit，但现在用得已经很少了。近几年，在综艺节目后期制作公司中，还是以 PR 使用居多。

后期包装的软件基本上是一样的，就是 AE、Maya，还有一些会用到 photoshop，就是平面 + 二维、三维的这些主流软件。目前，市场上的主流调色软件使用的是达芬奇，达芬奇还有一个特别好的功能就是它可以转码。虽然市场上有很多转码软件，但是每个软件所拥有的格式和兼容性并不是那么完全，所以会用到达芬奇这样的非转码软件来辅助我们去工作。

Final Cut 有一个特别好的地方是它的操作界面，如果你是一个零基础的人，哪怕没有受过专业培训，只要认真地去学习这个软件，也能很快进行操作。该软件还有一些比较人性化的快捷键设置。现在许多节目后期公司、制作公司，主要使用的也是这个剪辑软件。

由于电视综艺和网络综艺受众的不同，网络综艺观众对后期制作的花字文案、动画包装和特殊的剪辑技巧等二次创作的要求更高，后期“二次创作”的加持，也增加了节目的可看性，这也对综艺节目后期提出了更高的要求。

节目录制前：

后期导演从节目策划阶段介入，了解节目风格，提出剪辑和包装方案。

DIT 人员参加导演组技术协调会，了解拍摄方式、机位数量、设备类型、拍摄格式、跟拍计划等。

节目录制中：

DIT 人员需要去录制现场与拍摄团队确定每日素材的交接流程和突发问题的解决方案，并一起把关素材质量、格式等问题，确保素材安全。

后期导演与节目精剪师也需要到现场了解节目录制情况，构思剪辑思路。

节目录制后：

素材的整理及合板、粗剪、精剪、动画包装（原画、平面）、花字文案、调色（达芬奇调色）、混音等。

第二节　故事线的建立

我们以《中国有嘻哈》和《经典咏流传》这两档节目为例进行分析。之所以选择这两档节目，因为它们都有一个共同点，即都是音乐类型的节目，《中国有嘻哈》偏年轻、时尚、潮流;《经典咏流传》是中央电视台制作的一档文化内涵比较深的音乐类节目，它跟《中国有嘻哈》完全是两个类型，如果要用刚和柔来形容的话，那么《中国有嘻哈》是“刚”,《经典咏流传》是“柔”，前者是小众、外向、张扬的节目，后者是低调、含蓄、有文化底蕴的节目。

《中国有嘻哈》的节目模式是从韩国综艺演变过来的，第一个阶段是千人大海选，第二个阶段是 60 秒进入演播厅的半海选，然后再一步步进行。我们以 60 秒的环节，也就是这个赛制第二个阶段的一些有剪辑想法和新意的片段为例，分析一下故事线的建立。

通常一档季播节目分为十二期，也有一些节目是十期，为一个季度播出。所以有一个很重要的点就叫作“故事线”，所谓故事线是把里面的核心人物、节目的特质以及节目想要表达的核心从第一期一直连贯到最后一期，让观众有一种追剧的感觉。这个故事线应该怎样去安排呢？综艺节目跟电影、电视剧不一样，拿电视剧来说，因为电视剧篇幅很长，它是按照既定剧本和分镜头一个个去拍的，它可以有 50 集甚至 100 集。但综艺节目不一样，拿《中国有嘻哈》来说，一期节目的播出成片是 90 到 100 分钟左右时间，但实际素材量是 24 个小时以上，把这 24 个小时的素材集中成 2 个小时来剪，这是需要有很强剪辑能力的导演来完成的事情。

与以往不同，之前是机械性地剪片子，因为有前期导演跟着，前期导演写台本，然后进行拍摄，到最后剪辑脚本、落座，后期剪辑只是机械性地根据前期的脚本文案来堆镜头，偶尔做一些优化处理。但是现在不一样，因为现在观众的审美水平越来越高，观众的视听要求也越来越高，尤其是与国外引进的节目做比较，差距就凸显出来了。所以，这也导致我们必须去学习，去进步。除了思想观念以外，分工和人工配置这一块也要与时俱进，不断进行调整。以前的概念是，导演应该是前期导演，导演应该是在现场指导、拍摄执行。但是，现在有一个工种叫后期导演，也叫后期编剧，他的主要任务是进行二次创作，是对整个故事线做二次创作。前期导演在拍摄时依据的是逻辑和想法，拿到后期看素材时，其实是会产生新的想法的，这就叫作二次创作。

▼ 了解“人设”

怎样梳理故事线呢？在录制节目时，不是录一期后剪一期。原因是运作成本不支持，所以一次会录制很多量，比如会录前三期或前四期的量，可能要花一周时间，然后将素材拿给后期人员。后期人员需要把所有素材都看一遍，看完以后要通过现有素材和前期导演给的流程脚本再去反着推，重新串联这个脚本。这就是捋故事线的开头。我们要了解人设，拿《中国有嘻哈》这档节目来说，要了解四位制作人和重点选手。比较难的是海选，海选有 1000 位选手，关于这 1000 位选手的素材，后期人员要去了解每个人，因为只有去了解，才知道后边的故事线是怎样发展的。随着拍摄的进行，情节都是有变化的。

《中国有嘻哈》是一档在制作上比较真实的节目，虽然有前期编剧，但是前期编剧只是搭建节目的结构框架，并不干预选手的走向。就是因为它是真实的比赛，所以，所有选手的发展走向都不一样。怎样去把这个故事串联好？首先，我们要了解他们之间的关系，就是上文中提到过的人设。他是一个怎样的人？他在节目中的定位是什么？制作人之间是不是朋友关系？他们什么时候入行？他们的作品，包括他们的艺术发展有没有转折？比如是否又拍电影又唱歌，是不是多型化艺人，对于制作人这些都要去了解。然后是选手，因为在大多数人心里，嘻哈文化并不是一个主流文化，而且有一些说唱音乐质量不高，这是嘻哈以前留给大家的印象。但是要通过这个节目，让大家知道嘻哈不是这样的，嘻哈是可以展现中国文化来的。这就是为什么有选手可以获得较高的人气，他比较取巧，他走中国风路线。但是他以前的歌和现在不是同一类型的，只有对选手做了这些了解以后，才能把这个故事线往下串好。

其次说到人物关系，即选手之间的关系。谁跟谁是好朋友，谁跟谁是一个厂牌的等，这些都要了解。这些工作按以前的制作流程来说，应该都是前期要做的事情。可是现在的剪辑师都要有导演思维，要进行二次创作，所以要合二为一地去工作，这样才能体现一位合格剪辑师的价值。

▼ 建立故事线的方法

我们必须在充分了解节目里的人设之后再去串故事线。这个故事线应该怎样去串？常见的方法就是悬疑、倒叙。顺叙的方法现在基本上不用，因为太常规，对于真人秀节目来说尽量不要用顺叙。顺叙是指按照剧情的固有模式去剪。尤其是素材量非常大的话，更不能用顺叙，因为一旦用顺叙的剪辑方法，90 分钟是装不下这一集要呈现的内容的，而且没有看点，观众是看不下去的。一档好的综艺节目，最起码一到两分钟要给观众交代一个情绪，这个情绪不管是伤心、生气还是搞笑。所以，怎么去把握这个节奏，这也是故事线里的一个分支。人物、时间、转折点，就是我们所谓的剪辑点和转折点，这些都是在故事线里设置的分支。

我们结合节目来谈。第一期是海选，海选地点设在一个体育馆里。到了第二个场景，我们要以简捷、清晰的方式告诉观众，我们换场景了，换第二个赛制了，但是时间不能拉得很长，必须在 30 秒内解决这个事情。那么怎么去处理呢？手法有很多，要么是解说词一遍带过，直接说规则。还有一种就是这档节目没有任何解说词，而是用花字来提示，用音乐来表达情绪，让观众很快了解换场景、换赛制了。当前的赛制是什么，可以通过剪辑的方式告诉观众。这一部分内容的花字，截取的都是关键词，没有拖泥带水（图 6-1—图 6-8）。如果要拿赛制来写配音，用配音的方式去表达的话时间就会很长，所以没有必要。

当规则和场景介绍完以后，接下来介绍制作人开场。用什么样的方式做一个简短的开场？首先，肯定是前期导演要策划好的，前期给后期物料，就是前期拍摄的内容，后期来编辑。前期拍摄的素材可能有两个小时，但是后期呈现出来的

图 6-1　用花字提示换场景和赛制 1

图 6-2　用花字提示换场景和赛制 2

图 6-3　用花字提示换场景和赛制 3

图 6-4　用花字提示换场景和赛制 4

图 6-5　用花字提示换场景和赛制 5

图 6-6　用花字提示换场景和赛制 6

图 6-7　用花字提示换场景和赛制 7

图 6-8　用花字提示换场景和赛制 8

也就 10 秒到 15 秒。怎样去剪出你想要的，要看个人的感觉和想法。现在后期运用最多的手段就是与包装相结合，这档节目就是用包装特技的形式进行结合。制作人都入座了以后，第一位选手出场，先交代一下空间环境，有主舞台，空间环境交代过了，接着是等候区，用一个镜头交代。

这个环节在录制时，选手一个个上场，导演只喊他们的号码，也没有后来成片里那些荣誉称号。但是，后期不能直接按照导演的真实现场来做，不然缺乏创新，不好看。还有要突出所有选手特征，要让观众记住他，其实这些都是后期编的，然后用配音贴上去做了处理。给选手加“title”，是故事线中突出人物特点的一个方法，目的是要让观众记住他。可能好多人记不住徐真真和孙八一，但是一说“商务 Rapper”，观众就知道那个选手是谁，可能一时想不起他叫什么名字，但观众最起码记住了这个人，这是后期的最终目的。当然，这样的手段有很多，上述说的只是其中一种。

还有一位选手在参赛初期已经小有名气，他在海选时，很多观众看到他都很惊讶，都说“大咖”来了。这是海选时候的，当时也有回闪。后期做了一个反差，这也是故事线。如果要顺着剪，就是这个人上场，底下的观众并没有什么反应，因为海选时已经见过了。选手确实也蛮紧张的，因为要淘汰一半人。前面铺垫这个选手有多么厉害，到后面出现失误，这一串联也是故事线的剧情式发展。

我们要怎样去突出某个选手的人设？重要的是翻他的历史。突出这个人设后期的手法就是先把他烘托到最高处，让大家觉得这个选手很厉害，但是到了最后却发生剧情反转，其实他唱得并不好。说唱者说的应该都在点上，但这个选手并没有做到。比赛过程确实是完整的 60 秒，但后期做了卡断。这考验了剪辑师的另一个能力，就是对音乐和声音的衔接能力。虽然做了卡断，但可以在让观众觉得很舒服的情况下又给接回去，这就是对声音、音乐和音效的运用。还有，剪辑师必须对音乐特别有感觉，这样才能知道何时应该卡、何时不应该卡。

这位选手最后呈现的画面是在第一组比赛，其实他当时不在第一组，录制时，他也不是第一组的。后期在整理素材时找到了他的故事线，找到了后期想要的东西，所以把他放在第一组。虽然前面提到过赛制，但是很短，而且只是花字提示。所以，要通过第一组来介绍赛制和规则，所以第一组的画面要稍长一点，这也是剪辑的手段。

因为这是一档网络节目，对于后期来说，考虑的首先是观众的观看体验，这是电视节目和网络节目的区别。电视节目是在电视上看，而网络节目是在移动终端上看，如笔记本、手机、iPad，它们的呈现体系不一样。所以要把网络节目跟卫视节目区别开来。比如镜头的运用，如果是一档电视节目，同样是一个广角镜头，移动终端和电视上的呈现效果是不一样的，在电视上看会清楚，但在移动终端想看清楚，你可能要暂停把画面放大一下。所以，在镜头运用上，我们就要区别对待。《中国有嘻哈》要求所有剪辑师放弃场景的关系镜头，关系镜头就是全景、摇臂镜头。交代场景时不要有，原因是看不清，设备画面很小，放一个全景镜头是没有意义的。

现在有网友都喜欢截屏，节目播出后不仅将动态画面做表情包，而且还截图发个微博吐槽。观众为什么要截屏？是因为这个画面内容很吸引人。为什么吸引人？肯定是戏剧性画面，这个突出的画面就是特写镜头。比如在电视节目中，我们可以把一个镜头称为特写镜头，因为这个画框里只有一个选手，主体是他，这个叫特写。但是在网络节目里，我们就不把它叫作特写镜头，我们把它叫作中景镜头。网络节目里的特写镜头就是人物的整个面部，这个就要区别对待。大景别还有舞台关系镜头其实是很少的。有的是为了突出这一部分的赛制，因为有倒计时，有制作人身后按钮的屏幕，这个是后期要展现的，所以就会加进去。但在网络节目中其实有三分之二的镜头都是特写镜头，不管是反映人物的情绪也好，还是表现选手的表演也好，大一点的景别是很少的。

▼ 话题性

综艺节目要制造话题。现在的综艺节目，不管是网络节目还是电视节目，话题性越来越被重视。以前评判节目是否成功是看收视率，现在是看收视率 + 话题性。我们要学会从内容中找话题，也可以将话题融入节目中去丰富内容。比如在一个节目环节，评委张震岳提到“diss”（图 6–9）。其实，这就是巧妙运用了一个当时线下互动的“梗”，然后把它融入节目中。当时，后期在剪辑时并不知道有这个话题，是后来跟前期对内容以后去刷微博时发现了这个话题。通过这个形式呈现出来，告诉观众，微博上他们有这么一段梗，其实也是给微博增加流量的，这也是网络互动性的优势。

图 6-9　综艺节目要善于制造话题

《中国有嘻哈》第一季，后期在故事冲突的设计上做得很好，这也是网络综艺节目后期设计的一个大胆尝试。怎么去做这个故事冲突，这就要求剪辑和导演要有自己的想法，并加强沟通。

还有一个话题性是关于徐真真和 TT 的。节目里，TT 唱完以后有一个分屏，提示观众关注他俩的状态，其实能交代他们关系的只有徐真真后来采访说的那句“他是我的第一个门徒”。这也是为了制造话题。实际情况是 TT 确实是徐真真的第一个门徒，但是 TT 不认。而且不能在第一次他们出现时就把这个梗给说破，所以要做这么一个点，让观众去看后续会怎么发展，或者是让观众去搜这两个人到底是什么关系。只要产生了这样的效应，那么互动目的也就达到了。

还有就是他俩的出场顺序。其实，他们不是一起出场的，也不是连着出场的，是后期把他俩放在了一起，目的是为了使故事线具有连贯性，上一个话题和下一个话题用巧妙的方法把它串联起来。50 个选手在节目中每个人不可能都展现一遍，因为中间有快剪，挑出来的都是唱得好的、有特点的、有个性的，而且能制造话题的，这种选手在后期是需要放大的。徐真真和 TT 为什么会出现在一起？因为他俩之间的关系能够产生话题，而且他俩之间关系的话题能引发后续的剧情发展。

▼ 反应镜头的运用

“商务 Rapper”孙八一给人的感觉是很轻松的，这是他人设的部分，从他下台开始到他的 AKA（网络流行词，是“Also Known As”的缩写，又名、亦称、也被称为。当某人或某事有广为人知的别名时，可以用 AKA+ 网络别名来介绍），后期镜头还有嘻哈侠和其他选手，其实这就是反应镜头的运用。什么是反应镜头？反应镜头怎么运用？我们普遍理解的是观众镜头，就是台上表演，台下观众鼓掌、笑、哭等情绪反应，这是一方面。真人秀没有所谓的观众，但是也得有反应镜头，就是当一个人物不是主角时，旁人去衬托。但是这个反应镜头不是随便用的，是有目的性的，你给的反应镜头，要么是跟这个人物有关系，要么能通过这个反应镜头表达或是替观众表达情绪。比如选手在唱得很好的时候，我们也觉得唱得好，现场的听众不管是其他选手还是制作人，他们其实也有同样的表情和反应。为了强化这一点，后期必须得用反应镜头去烘托，否则只是一个平淡的台上表演，这样呈现出来的效果就太平淡了。画面要有起伏，所以要用反应镜头来衬托。

选手的人设在节目中除了形象和自身表现以外，一般从两个方面反映出来：一个是现场制作人的话，另一个是选手的后采，通过这些去补充这个人物的性格，让观众更了解他。一个选手在说唱过程中，观众都在笑，这是必须要有的。因为节目的空间关系有两层：一层是主舞台，另一层是学员等待区。用他们的笑或起哄来做反应镜头，一是为了衬托选手的表演，比如某个选手其貌不扬，他不像一个 rapper，但是他一开口都非常嘻哈风，可以用这些反应镜头来衬托。

第三节　叙事逻辑

《中国新说唱》第二季的主风格和以往完全不一样，这一季主要是以叙事逻辑来讲整季故事。叙事手法有很多种，比如西奥正准备唱的时候，王浩轩突然上场了，因为现场是两组嘉宾，两组嘉宾在舞台的两边同时海选，所以是平行拍摄的，内容都得呈现。怎么去调整呈现的顺序，谁先出，谁后出，这个叙事逻辑是需要去思考的。

王浩轩上去了，这时候摄像的镜头是闪过去的。正常情况下，这个镜头是废的，不能用，因为它不稳又抖，也不知道在拍什么。如果按照以前的剪辑方法，在声音先入的情况下，这边是西奥和热狗的镜头，那边的声音出来了，直接就切一个全景，交代一下到底是谁在唱，一个全景下来，看见王浩轩站在舞台上，然后给一个特写，交代这个选手是谁……如果按照以前传统的剪法，绝对不会把这种抖、晃的镜头呈现上去。以前传统后期制作要的是构图要美，拍得要稳，但是这一次保留了叙事感和镜头真实的魅力。往往因为有一些细节内容，这个节目可能就跟别的节目不一样。之所以保留了在常人看来是废的镜头，一是为了保证现场的真实感，二是在后面有一个快速的倒叙，潘玮柏上场，保留这个镜头也是为了给那个镜头做铺垫，是一个承上启下的关系。对真人秀做后期，在编故事时，串联故事是要去试的，因为同样的素材、同样的镜头，剪出来的效果可能就不一样。

第四节　镜头的运用

▼ 导 播

我们可以从音乐类舞台秀的展现上分析镜头以及观众反应的运用。一首快歌，听着很燃。快歌和慢歌不一样，是因为其旋律和节奏都不同，后期在剪这种快歌时要注意，首先镜头不能太长，为了把节奏打起来，剪辑点可以多一些。后期在拿到这些素材时，已经是导播切过一遍的，是现场摄像团队设计过的镜头。但是后期拿到素材以后，因为现场是真唱，现场的监听环境和听感其实跟后期拿到素材以后的听感是不一样的。所有的声音分声轨，可以单独听人声那一轨，也可以很清晰地听伴奏那一轨。所以后期拿到的素材，音乐节奏感和现场是完全不一样的，导播有时候切的跟后期不一样。现场导播可能会沉浸在现场气氛中，会导致一些小失误，或者因为他在调度机位时，那边摄像可能没听清，也会出现一些小失误。后期就得弥补这些失误。现在录节目已经脱离了以前只有主副切素材的时代，现在是有多少台机器，就收多少轨素材。就拿这档节目来说，现场加上真人秀的机位，就是单机的机位和选手在台上的机位，不进讯道的加起来共有 60 多个机位。但是导播在切的时候，他根本看不见单机，单机是不进讯道的，就是不进他的导播系统的。进导播系统的只有舞台上的呈现，所以等后期拿素材后，一定要经过二次编辑。

现在行业里一直在强调二次编辑、二次创作，导致有些剪辑师可能过分理解这个概念了，他会把导演和导播的创作意图完全剪飞，剪飞以后就变成了一个什么风格都不像的节目。从后期层面来说，首先要尊重导播，导播是前期，剪辑是后期。导播之所以能在现场切出一套完美的主切，他的镜头是有设计的，比如为什么在副歌高潮时会有摇臂镜头，为什么其他时候没有全景，他是有设计的。所以建议后期导演在进行二次创作时不能偏离这个主线。

一个成熟的后期导演会在剪这种音乐秀时，先把主切完整地看一遍，在看的时候会去分析导播当时为什么要这么给镜头。理解透了以后，再去拉一遍单机素材，单机素材包括观众，也包括嘉宾休息室，比如吴亦凡、潘玮柏的空间，他们有什么反应，台上 23 位选手每个人又是什么反应，底下的观众又是什么反应，把台上乐队的 gopro 视角镜头都看一遍，看看有没有出彩的地方。所谓出彩是指他们的肢体语言和表情等很夸张，就是有亮点的地方，这些亮点在过第一遍素材时可以先打点标记，都可能是有用的镜头。

后期在编时，除了根据音乐的节奏点来切，还有一个就是根据导播的意图来切。导播在设计镜头时，快歌都是有推拉或运动镜头的，摄像在拍的时候，他的内心也是有节奏感的，这样才能做出镜头的变换。所以，他们在有律动感的节奏下，拍出来的素材是有目的性和创作意图的。

后期的作用应该是锦上添花，把导播做得不好的细节给规避掉。什么是不好的细节？就是在现场气氛比较热烈的场面下，导播在取景时应该只框定一个人，但是旁边突然又露出一个人，这个人可能是旁边拉小提琴的，这时我们就得用所谓的九宫格方法，把画面拉大，把这个人裁出去。至于裁多大，怎样裁好看，可按照九宫格取景，把这个画幅做一下处理，这样周围杂乱的元素就可以删去了，这也是后期要做的工作。

▼ 运 动

在拍摄时，除了手持机器以外，有些机器是落地的，没办法一直都用手持机器，不可能选手在台上表演，摄像在台上到处转。有时，如果选手动不起来，后期剪辑时可以根据节奏律动感做镜头的运动。比如一首歌有很多镜头在拍摄时是定住的，但剪辑时有一个基础镜头连接，叫作“动接动、静接静”。在选镜头时，如果前一个镜头是运动镜头，接下来紧跟一个固定不动的特写镜头，这样的镜头接在一起会觉得很难受，这个时候就可以打点，做关键帧，慢慢地做一个推拉，这样律动感就出来了。因为音乐类节目镜头接在一起动起来比较好看，除非是唱一首深情的慢歌，很走心的抒情音乐，我们可以用特写镜头一直拍。

第五节　预告片

▼ 回 闪

刚才谈到了故事线和剧情的剪辑手法，综艺节目后期制作里还有一个重要的组成部分，就是预告片。

在一期节目中，结尾部分是嘻哈侠和双胞胎对决，但中间其实是有一个 battle 环节的，因为时长的原因，这个环节当时没有把选手选择的画面放出来，而是采用一个倒叙回闪的手段，把嘻哈侠为什么会跟双胞胎共同来完成第四个阶段合作赛的缘由交代清楚了。关于色彩处理，回闪跟正片比起来是做了一点处理的，颜色是不一样的。

《中国有嘻哈》的回闪手段是常规进入式，即闪白或直接切入。在画面的处理上加了一圈阴影，有点像电影化的那种回闪，有怀旧感。颜色稍微加一挡饱和度，把对比度拉开，外面其实是有一层阴影的。在这一层基础上加一层高斯模糊，然后再打一个通道，把你想要的范围框选起来就行了。其实就跟图片叠层的意思是一样的，只不过这里叠的是视频（图 6-10）。

有一个场景的回闪是海选，因为海选是大场面，而且是在一个大型体育馆里，所以也做了这种高对比处理，仔细看的话，其实白色区域是曝光过度的，但是达到了节目后期想要的效果。但这种颜色的处理如果是在电视平台可能是不行的，需要重新做调色处理。在这里提一句，如果像这种颜色是在电视上播出，可能过

图 6–10 综艺节目中回闪的运用

不了审，是不能播出的，因为调色是有一个色域范围参考的，每种节目内容都有一个标准，包括播出的声音还有格式都是不一样的。但是网络节目相比电视节目来说，在色彩处理上相对自由一些，这也使网络节目在后期创作上有更大的发挥空间。

▼ 悬 念

在嘻哈侠与双胞胎对决这一环节里做了好几个悬念，其中一个悬念只有八帧画面，也上了热搜，给人的感觉，似乎嘻哈侠要被淘汰了。他说：“我生气了，反正你说我不会说中文，我生气了，美国见，我走了。”但是仔细看预告片，在选择门打开时，三个快切镜头里就有双胞胎（图 6–11），一共就八帧画面。为什么要这么做？其实后期就是想这么做，看观众能否发现。播出之后真的有观众发现了，并且截屏发了微博：嘻哈侠居然被淘汰了！《中国有嘻哈》居然淘汰这么厉害的人，热搜就全上来了。

在预告里，一共有两部分预告：一部分是框类预告，框类预告和商务有关，是为了配合所有的权益口播用的（图 6–12）；还有一个是全屏的，通常出现在节目最后部分（图 6–13）。其实，框类预告里也有双胞胎的镜头，但是不到一秒，是他们在台上表演的镜头，只是一闪而过，还留了一个选择门的镜头，果然达到了后期的目的。其实，这就是现在做节目要的话题点，让很多人以为嘻哈侠欧阳靖真的被淘汰了，这个预告是属于悬疑式的。

图 6–11　综艺节目中对悬念的运用

图 6–12　综艺节目的框类预告

图 6-13　综艺节目的全屏预告

预告片有几种类型，有精彩内容呈现这种集锦式的，就是将本期最炫酷、最精彩的内容串在一起；也有上述这种悬疑剧情式的，可以根据节目类型来做。如果要参考或有方向性地去学习节目预告片的剪辑方法，建议读者多看一看院线电影的预告片。节目后期剪辑导演有很多手法是参考院线电影的预告片来剪辑的，院线预告片的有些方法是可以套用的，比如镜头的模式感、节奏等。

像这种晋级类的真人秀节目，想要抓住观众的话，就要不停地制造看点和话题，可以是音乐类型的看点，让人喜欢上这首歌，把好的歌展现给观众，也可以是剧情化的看点，就是所谓的悬疑点，或者是能抓住观众好奇心的看点。通常季播节目每一期中间都会隔一个星期，落尾做得好，才能与观众产生共鸣，也能抓住观众群。要不然就会产生所谓的弃剧，这可能是因为剧本的问题，但也有可能是剪辑手法的问题、叙事逻辑的问题，它并没有用一个好的叙事手段去抓住观众的心。

第六节　包装与花字

在前面，我们已分析过内容里有好几类包装类型，比如人名条这样的信息条，因为它属于节目的内部包装，我们简称“内包”，就是人名条、树挂，还有像《中国好声音》那种下面的游飞、贴广告的包装都叫内包，也可以叫花字，具有提示性功能。

▼ 花字类型

技术花字

在这档节目里创新的一点是技术花字。现在做节目的花字分为几个类型，一种是技术类的，就是交代这个东西是什么，比如“嘻哈”是专业术语，嘻哈里面有单押双押、几韵几押，有这样的技术花字（图 6–14）；还有之前比较火的篮球节目，会提示你扣篮是什么，以及什么是 3 分球、2 分球、1 分球，这也是一种技术花字。

情绪花字

还有一种是情绪花字，就是表达情绪的，可以是悲伤，可以是高兴，也可以是疑问。像上述的那位选手很厉害，或者后续该如何发展的，这种是属于情绪类的。

图 6–14　综艺节目中的技术花字

知识花字

还有一类花字是知识类的。这类花字的文字数量会比较多，不像我们看大多数综艺节目里只有几个字。这类多文字花字属于知识板块，也是花字的一种。通常的表达方式是一个底板框，比如这首诗是李白的诗，我们得介绍一下李白，这时候就要放一个知识性的花字贴在这里，内容有人物介绍，如生卒年、代表作、在中国文学史上的地位等，这套知识性内容要通过花字包装来呈现，让观众重温李白是谁。

▼ 花字设计

花字导演

有一个特别的工种，是从《爸爸去哪儿》引进节目模式后新出的一个工种，叫作“花字导演”。花字导演是这样的，一定要等节目成片剪完之后才开始写。还有一种花字导演会跟剪辑一起，在剪的过程中，他能看到素材。虽说 5 分钟就剪了 30 秒，但是他要看过完整的素材，他可以通过 5 分钟素材想到这个花字应该怎么设计，这也是一种方式。花字内容该怎么写？首先是根据节目类型和气质定位，再根据具体内容来设计，还要遵守相关政策内容，比如暴力的、网络性语言等是不能出现的。

设计方式

花字字体的设计是可以参考的，每一档节目开始都会有一个 30 秒以内的片子，叫作片头，片头一旦定了方案，里面所有的内包和包装元素设计，都尽量不要偏离这个片头的元素，这样才能形成一个体系。现在有很多内包是通过片头的元素演变的，要让观众看到这是一套系统性节目，而不是跳出来的。花字允许特别一点，可以跳出来，但是跳出来的仅仅是字体和颜色，要给观众一种感觉，即它和节目整体风格还是一致的，我们可以从片头里去选参考元素和设计理念来进行花字设计。

比如《中国有嘻哈》，因为商务关系，其冠名是农夫山泉的维生素水，维生素水的 logo 就是箭头，箭头分为几种不同的颜色，因为它有几种不同口味，不同口味就采用不同的颜色。这个花字跟片头和整体节目搭调的就是对颜色的选取，还有对字体的选取。因为这个节目风格很硬，不管是内容还是选手风格都是很硬、很刚的，所以后期在选字体时，包括歌词的字体都是风格偏硬的，而不是那种线条柔弱的字体。

第七节 色 彩

《中国有嘻哈》和《中国新说唱》这两季节目，除了赛制上有变化以外，其实它的调性也是有变化的。像第一季《中国有嘻哈》，还是比较偏综艺感的，里面有很多花字和音效。但是《中国新说唱》第三季是完全按照剧的形式来做的，花字也有，但是少了很多，相对来说综艺感不像《中国有嘻哈》那么强。这一季节目的配乐、调色、叙事手法，包括每个桥段中间的转场衔接点都是参考了英、美剧来做的，同样的节目其实是两个类型。从《中国有嘻哈》到《中国新说唱》，后期对剪辑做了升级，或者说是做了创新的改版。《中国新说唱》虽然有些手法也延续了《中国有嘻哈》，但风格是完全不一样的，不管是从配乐给观众的感受以及镜头场景的切换等方面都是不一样的。

《中国有嘻哈》是偏综艺的，用综艺的叙事手法来呈现一些话题和叙事逻辑。《中国新说唱》从拍摄开始，现场色调很暗，这也是节目组做的一次尝试，在色彩上做了英、美剧那样偏暗偏灰的感觉，所以在第一次拍摄海选和海选后面赛制的时候，光线压得很低，这给后期调色造成了很大困难。之后两期由于观众反馈，色彩上又改回去了，所以从节目播出过半以后画面又开始变亮了。做节目就是这样，前期在做尝试，后期也在做尝试，一边工作一边去改善和创新，这是前期导演和后期剪辑都需要去领悟的。由于现在网络综艺节目平台的特点，很多观众的反馈意见都容易听到。后来为什么要改变打光方式呢？因为有些不是很重要的选手，他在备采时说了一句很精彩的话，后期必须保留这句话才能做话题，但是这一整季节目他就出现了那一个镜头，就是那句话的备采，结果这位选手的粉丝就在网上说选手一整季节目只出现了一个镜头，而且看不清脸。就因为这一点，后来做了调色。因为前期拍摄时的光线实在太暗了，如果后期要提亮，黑色部分都是噪点，根本就没法看，要不然画面灰蒙蒙的，但是又想要精确的那种调性，和《中国有嘻哈》《中国新说唱 2018》完全不一样，因为之前都是明亮调性的，这一次是暗调性的。在海选阶段现场很乱，选手很多，设备很多，不敢保证每一台设备拍出来的基调都一样，后期就要把所有不同的基调调成一样。

第八节　素材的取舍

一般来说，大型季播节目一集的播出时长为一个小时到一个半小时。因为前期多机位拍摄素材量会非常大，可能会有上千小时的素材，那么海量的素材怎样去取舍？一般来说有这样几个判断标准：

一是精彩度。内容本身好不好看，会不会制造话题点，会不会有热议点。

二是上下的逻辑串联。这一点也是在故事线范围内的，其实是承上启下的关系。

三是话题和看点。有些选手在参加节目时自带流量，可能是先前已经具有一定的热度和知名度，在前期拍摄时就被导演组制造了一些话题和关注，这类选手的素材也是要保留的。

第九节　情节点

在大型音乐文化类节目《经典咏流传》“钢琴家巫漪丽”这一期节目中，节目想表达的不是梁祝这首音乐的演奏，而是关于这位老人的故事。巫漪丽老师是中国第一代钢琴演奏家，1962 年被评为国家一级钢琴演奏家，她也是《梁祝》钢琴伴奏缩谱的编写者与首演者，她是节目的核心。我们怎样才能在短短的 10 分钟左右时间内向观众清晰地介绍她？一是看她演奏的能力，二是讲述她的故事。在这 10 分钟的片子里，这两方面都包含在内了。

我们从这一期节目的开篇来谈。第一部分呈现的是一个海外对传的真实连线（图 6–15—图 6–17）。

老人坐在一架钢琴前，特意拉长她的一些特写动作，比如她颤巍巍地走来，颤巍巍地鞠躬，然后坐下，把手放在钢琴键上。其实，当时现场拍摄的素材顺序是她坐下以后，手放在键盘上马上开始演奏。后期是怎样制作的呢？后期把镜头反复使用，采用换角度和拉时长的手法，让观众很快地被代入情怀氛围中，也就是情绪铺垫。现场观众的欢呼、起立也是一个铺垫，表示观众对这位老人的敬意（图 6-18—图 6-22）。

在她演奏过程中，除了要交代她在新加坡现场的一些关系镜头外，大部分是她的特写镜头。一个是手弹钢琴的特写，另一个是她的面部表情。可以把好的面部表情的素材先摘出来，贴到合适的地方。因为剪辑时，镜头会有一个交叉点，

图 6-15 《经典咏流传》海外对传画面 1

图 6-16 《经典咏流传》海外对传画面 2

图 6-17 《经典咏流传》海外对传画面 3

图 6-18 《经典咏流传》现场气氛 1

图 6-19 《经典咏流传》现场气氛 2

图 6-20 《经典咏流传》现场气氛 3

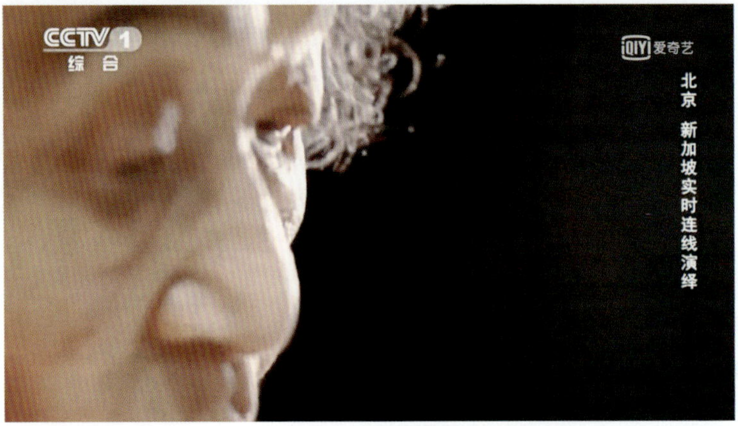

图 6-21 《经典咏流传》现场气氛 4

图 6-22 《经典咏流传》现场气氛 5

可能不合适或不舒服，这时她的表情还有观众的一些反应，就是一个很好的弥补手段。比如说聆听、享受或是流泪，这些是可以把它运用到有一些剪辑过渡点的，当过渡得不那么舒服时，我们可以巧妙地用这些内容来铺垫。

当老人家演奏完以后，通过后期的设计，特意把她大喘气的那个镜头留出来了，让观众看完以后也跟着感动，情怀就做到了。通过剪辑，把段落感拉出来了，观众对她的敬意也表现出来了。老人颤巍巍地把这个曲子完美地演奏完，这一些细节都展现了。其实，整个过程并不像后期呈现出来的那样流畅，有很多镜头是重复使用的，只是换了另一个机位，调了另一个角度去用的。后期的二次创作可以把不是同时发生的，但是契合当下情怀或符合当下情感的内容，结合素材和情节点来使用。

这是一档人文文化类音乐节目，嘉宾唱完以后，台下有三位常驻嘉宾进行点评。不管点评的时长有多久，最后呈现的只有五六分钟。但在这五六分钟时间里，后期怎样选择素材？首先要知道这一环节的核心是什么。我们在节选内容时，首先要围绕节目核心，其次是以哪些点来围绕核心走。其中之一是历史，所谓历史是指故事，钢琴家巫漪丽从小至今的一些经历和以前发生的故事等。其中之二是如今有什么故事值得说，比如最近又有什么演出等，这也是围绕核心来说的。在粗剪话述和题材时，比较考验编导能力，语言功底比较深厚的人才能做好，否则很可能粗剪出来的东西就没有价值。在挑素材时，对于什么是重点内容要有判断。当然，这个判断也是考验导演和后期剪辑文化功底的时候。

在这档节目里，点评嘉宾康震做最后的陈词和总结。这个角色也很关键，就是节目中所谓的“文化担当”。这个节目的精彩之处在于能听、能赏又能学，这三个特点都有。所以，这也是央视的一档口碑节目。

第十节　棚内音乐节目剪辑要点

棚内音乐节目秀的剪辑要点是，不要偏离导播的主切思想，因为导播有自己的设计和内容，这个要先去了解。此外，还有几个要素是必须呈现的：

环境镜头

即全景。因为节目组预算中的很大一部分在舞美设计和搭建舞台上，视觉精美的舞美呈现也是棚内音乐节目的一大看点，所以这个是必须要呈现的。当然，这个镜头呈现是用观众后边的广角镜头还是摇臂镜头，视素材而定。总之，环境的全景镜头，在棚内节目秀里是必须出现的。

灯 光

音乐秀的舞台灯光会配合音乐打节奏。举例来说，湖南卫视的《歌手》节目，舞台并不花哨，基本上是靠灯光来营造舞美效果。它的灯光是有设计感、模式感以及环节点的。比如选手站在入场口时，灯光打过来，往外走时，灯光打开，这是节目组设计的灯光模式，像这种设计肯定是要保留的。

乐 队

大部分音乐类节目，现场都有乐队。有乐队的节目基本上是真唱，而且收音难度极高，因为每种乐器都有一条音频线，最后会打一个音频包发到后期处理。所以，乐队是必须要呈现的。乐队怎么呈现呢？一般有几点：一是节目中只要有伴唱、和声，至少给一个镜头；还有这一首歌里如果注重某种乐器时，也要给镜头。比如说像《经典咏流传》“巫漪丽”这一期节目，如果不是场外连线，而是在现场的话，她一定是在合唱团旁边弹钢琴，那么钢琴就是主要的乐器，这个钢琴镜头肯定是要给的。如果有些歌注重的乐器是二胡，导播和摄像肯定会在二胡那里安排一架摄像机。所以，一般有重点乐器的地方一定要给镜头。

伴 舞

有伴舞时，要跟着旋律来剪辑。

观 众

很多棚内的节目，观众镜头也会重复使用，但是要注意情绪点不要穿帮，灯光也不要穿帮。如果有提词器，那么提词器也不要穿帮。现在避免出现提词器的方法，基本上是用 AE（Adobe After Effects 软件的简称）消掉，不是像以前那样单纯地打马赛克。观众的反应状态是根据歌曲来选镜头的。选完之后镜头该如何插放呢？这个选择是因人而异的，有的后期剪辑习惯是不破坏副歌高潮部分的镜头连贯性；但有的剪辑师为了追求气氛，当歌手唱到副歌处于情绪爆发点时，给了一个观众镜头，这样做是不对的，因为破坏了镜头的连贯性。所以，这种气氛类的观众镜头也要用对，不要因为渲染气氛反而把主体部分给破坏了。

商务合作的一些固有模式镜头

这个镜头具体怎么给，要跟商务对接，他们会有一个标准。比如一档节目里需要出现的赞助商 logo 的时长、商务产品画面的标准等。

主角和表演者镜头的剪辑方法

不管是歌手还是演奏家，一个舒服的剪切点（即镜头切换点）可以根据歌曲的段落来剪。拿到素材以后，先分析一下，有的是四拍、八拍的，大概了解一下，也不一定非要专业地了解这个音乐，根据节奏进行剪辑是最简单的，我们可以根据这个节奏的掌控来进行镜头的切换。举个例子，比如唱一句“你就像那冬天里的一把火”，若剪“一把火”，那是很平庸的剪法。其实这一整句都可以用一个镜头来表现，只不过这个镜头是动的，可以是推拉镜头，也可以是摇臂镜头。但如果选手唱的是一个很嗨的版本，而不是以前费翔唱的那种老版本的话，唱到“一把火”时就可以直接切特写镜头，切大动作的画面。这个节奏感律动是看个人感觉，只要最后呈现的镜头不是跳的，给人感觉不眼花，并且听着、看着也很舒服就可以了。所以这个节奏点，没有所谓的模式和标准，只要让人听着好听，看着又舒服，剪辑的目的就达到了。

固有的模式镜头

比如《经典咏流传》这个节目的模式镜头就是主持人读完词，然后有冰屏收起和下落的镜头，这个镜头是这个节目固有的，因为它是根据节目的舞美去设计的（图 6-23、图 6-24）。这一段比较长，现场拍摄时长是三四十秒，因为设备的升降不能太快，所以是缓缓地，但是最后呈现出来只有 5 秒钟，这种镜头就叫作模式镜头。这档节目的模式镜头就是嘉宾说诗词，说完以后冰屏收起，收起以后，嘉宾出来，这是一组模式镜头。《歌手》的模式镜头就是歌手从休息间出来，站在环形灯后面做准备，然后站在环形灯那里，背面打一个灯光，每位歌手出场基本上都采用这种模式镜头。

在歌曲剪切中，像张震岳“热狗”的歌是很嗨的，这样的镜头基本上是没有一帧叠画的，全都是切，跟着节奏来；如果是棚内综艺，而且是慢歌的话，叠画

图 6-23 《经典咏流传》的模式镜头运用 1

图 6-24 《经典咏流传》的模式镜头运用 2

也是可以的。虽然现在有一些剪辑师会觉得叠画这个手法很老套，但也不是绝对的，叠画也是有讲究的。如果是特写和特写叠画，就不能挑两个人的特写，否则脸都在中间，叠的时候两个画面重叠在一起，这种做法不可取。叠画一定要有构图差，即有构图区别的。比如特写叠全景的时候，特写应该选什么样的，是侧脸还是半边脸，都需要有基本的审美来选择镜头的，千万不要同景别叠画，如果一定要同景别叠画，则主体必须在两边，两个主体是不能叠到一起的。

还有一些其他剪辑方法和特效手段，需要在以后的实践中不断积累。

第十一节　后期制作流程

以前传统剪辑一般都是从采带子、对机位、粗剪、精剪，合成、上唱词、上包装，直到出片都是一个人完成。那时候为什么一个人可以完成？那是因为只要机械性地按流程完成工作就可以了，前期导演会把脚本、方案、方向全都写在文稿里，甚至会跟后期剪辑一起，告诉后期应该怎样剪。后期只需要操作就可以了，不需要花精力来想别的事情，只要快速地把工作做完便可，这是传统剪辑。

现在不同了，因为现在后期节目制作的难度越来越大。观众不单单对节目内容的要求越来越高，而且对硬件的要求也很高。比如说以前是标清，之后变成高清，现在已经出现 4K，这是一个逐步发展的过程。播出介质的提升也要求后期制作的硬件设备必须越来越先进。

现在市场上的综艺节目，其实就是两种：一种是棚内节目，另一种是户外节目。棚内节目近两年特别流行搭实景，就是所谓的假实景，比如说《热血街舞团》《这！就是灌篮》《中国有嘻哈》等，还有《中国新说唱 2019》，里面的场景是用上海外滩夜景还原搭建的实景，这些棚内搭建的场景都属于棚内综艺节目。户外节目比如《奔跑吧！兄弟》《极限挑战》，这种纯户外的节目叫作户外综艺节目。也有棚内加户外类的节目。目前棚内综艺节目主要包括喜剧类节目、文化类节目、音乐类节目、生活服务类节目等，这几个类型都是棚内节目中比较主流的类型。

▼ 团队建立

一般来说，一个成熟的节目后期制作公司在后期剪辑上会分为几个组，他们分别有各自擅长的节目类型，有的擅长棚综音乐类，有的擅长语言类，有的擅长户外真人秀。后期公司接到项目以后，公司制作负责人会根据这个项目的类型和特点去选择由哪个组来承担这个项目。团队建立以后，就得跟前期打交道了。现在都是后期前置化，有很多前期团队很喜欢听取后期的意见，在拍摄之前请后期团队来进行内容反推，从后期的角度对前期提出方案和建议。

比如在节目前期策划会时，前期导演会问，如果是这种类型的节目，后期会有几种剪辑手法和几种叙事手法？有什么特殊的剪辑点可以作为这个节目固有的亮点？这些都要在节目尚未录制时就要给前期答复。接着就是录制。

▼ 素材管理

以前剪辑介入的时间是在前期拍摄完后，因为以前后期是不干涉前期的，后期基本上和前期没有什么关系，只是在制作时会跟前期导演打交道。但现在后期前置化了，服务就更到位了，所以在录制时，后期会派后期导演过去记场记，会派助理剪辑拷贝素材，也会去做一些简单的记录，比如现场一些突发的比较精彩的点，或者某位选手的一些不容易被发现的小亮点，都可能被后期场记记录下供后期剪辑。目前，节目录制，比如棚内综艺常用的储存硬盘新奥特，能实现多机位同时一个进点一个出点，哪怕二三十个机位同时开录，也可以做到同样的进点和同样的出点，这为后续素材拷回来以后完成对机位工作提供了方便。

▼ 对机位

对机位也分为两种，一种是棚内节目，棚内节目的机位比较好对；另一种就是户外真人秀，户外节目相比于棚内节目来说机位比较难对。所以对于市场来说，同等体量的节目，做户外节目的成本是比做棚内节目的成本要高，因为难度不一样，棚内节目可以按照正常录制的叙事逻辑，把时长压缩就可以，但户外真人秀不一样，这种节目叙事逻辑，可能是完全打乱的，需要重新拼凑。所以，相对来说，户外真人秀节目难度会更大一些。因为真人秀都是即时拍摄，没有场记，没有时码器，纯靠手动对点。如《爸爸去哪儿》，一个家庭单位，一位爸爸带着一个孩子最起码是四个机位，这四个机位是怎么分工的呢？爸爸一个特写，孩子一个特写，两个机位是游击，其中还有一个是带着关系的游击，就是带着另一个家庭关系的游击，就是这样分工的。但有可能其中某个摄像录满了，他得停机去换卡，各种情况都有可能发生。但是素材到后期，必须对在一条时间线上，最起码时间轴是对的，这样才能方便剪辑。这时候只能靠听和看去对机位，不像棚内综艺有这么好的储存硬盘能实现同入点同出点进行素材管理。

▼ 复盘会

录制完成之后，素材进入后期，后期把素材都对好了以后需要跟前期导演和前期编剧开复盘会。一些选秀类节目的选手很多，艺人也很多，通常情况下都是一位选手导演负责几位选手，如果是明星制作人或艺人的话，基本上导演都是一对一的。在录制时都是在不同的场景录，只有导演才能记住他在录制时发生过的事或是特别有意思的事，但是单机是进不了讯道，进不了导播间系统的。所以，复盘会就是把大家都召集在一起，把录制时发生的有意思的点都说出来，前期和后期一起讨论。因为后期也会有导演去记场记，也会提前进入梳理故事线的状态，所以复盘会对后期来说是很重要的，特别是大型的真人秀节目。因为在时间有限的情况下，是没有足够时间把所有素材都拉一遍的，有些大型节目素材量可以用海量来形容，要从头到尾拉一遍完全不可能。

▼ 粗 剪

复盘会以后，开始进入粗剪环节。粗剪就是对大故事线进行梳理，将大块的内容挑出来，或者是将导演觉得不错的内容挑出来，按照他想要的顺序，把素材罗列出来。导演觉得一些不错的反应镜头，在理素材时也可以搭在时间线上。每个项目都会有一个主编，故事线串出来之后，主编再去二次梳理故事线。梳理完故事线以后，剪辑师就开始介入了，这是其中一种方式。还有一种方式是后期编剧或后期导演和剪辑师一起开工，这样做对后期编剧或后期导演有一个好处，就是能够倒着休息，导演在工作时剪辑可以休息，剪辑在工作时导演可以休息，但是这样做，效率会稍微低一些，因为沟通成本还没有算在里面，他们是分开整理素材的。如果两者同时进行的话，虽然沟通成本减少了，但是两个人会辛苦一些。至于是采取什么样的工作方式来进行，每个公司和每个团队都不一样，两种情况都有可能发生，可以根据不同的节目类型和难易程度来进行选择。

▼ 精 剪

到了精剪环节，剪辑师主要完成的是对故事线的串联、情绪的处理、画面的组接和音乐的挑选。有的剪辑师是先选镜头，剪完了以后配音乐，还有的剪辑师是先挑音乐，根据音乐来搭镜头，这两者都有。后者是觉得音乐是最好的表达情绪的手段，要做一段感人的桥段，如果音乐没有挑好，只是拿镜头去堆，是没有感觉的。

可以通过音乐的节奏点去堆接画面，因为每个镜头长度都不一样，比如说三个人在哭，不可能每个人平均给 5 秒，肯定是有情绪变化的。我们怎么去做这个变化，怎么做取舍，肯定是根据这段音乐去做的，这才是正确的方式。为什么会有先选镜头后配音乐的剪辑方式？剪辑师剪好镜头后再配音乐是因为现在有了一个新工种，就是之前提到过的音编部门。剪辑师剪完片子以后，会给音编部门，他们会进行人声的处理，就是修音。录制时可能会有杂音，是需要处理的，这是一方面。另一方面就是配乐，做音编的老师肯定对音乐的敏感度比较高，他会通过自己的理解，对背景音乐做二次编辑。所以，现在有一些剪辑师工作久了以后，会觉得即使音乐选得再好，音编也会给换掉的，先临时搭一个音乐把情绪做出来就可以了。但这样做会出现一个问题，如果你搭了一条合适的音乐，难道音编还会换掉重新再找一条给你贴上吗？音编贴音乐时也要掌控这个节奏点和你的画面切点能否对上。所以不管工种有多少，部门有多少，分工多么精细化，做剪辑的本是不能忘的，还是要一步步地来，就像盖房子一样，地基必须挖好了，建踏实了，你盖的楼才能越盖越高。

接下来是音乐的挑选、动画包装、花字设计、调色等过程。

▼ 审 核

剪辑完之后，接着走两个审核流程，一个是内部审核，另一个是外部审核。内部审核是小组长或项目经理对自己项目的审核；外部审核就是制片人、总导演、前期导演的审核，到了这个环节可能会出现很多修改意见。一旦到了制片人、总导演审核阶段，艺人团队、商务团队等各个团队都会出现。他们会提出修改建议，比如权益的时长不够，艺人的某个镜头表情不好，要求换镜，等等。从后期公司的角度来说，按照后期逻辑剪好以后，各路团队非要加镜头的话，其实是会破坏节目呈现的整体感的，按照合作条款和要求，在确保达到合作要求的前提下，要保证节目呈现的整体感。艺人方面可能会有一些内容上的干涉，比如后期觉得他说这段话特别好，但是艺人经纪公司却觉得他说这段话不好，非要剪掉。这时后期是很被动的，这种情况基本上得靠制片人或总导演出面沟通解决，因为他们也不想因某个艺人的意见而破坏了节目的整体质量。

在外部审核时还可能会出现一种情况，制片人或总导演审完片以后有了一些较好的想法，但问题是没有镜头，因为前期没有拍，但是他提出的这个想法一定要呈现出来，这种情况也是有的。对于后期来说，不能因为有困难就不做。解决办法有几种：一是外部视频加解说词，二是图片加解说词，三就是包装。有很多节目的规则简介或宣传片，很多是用纯包装做的，全都用三维动画进行表现。

第十二节　人员配置

关于后期的人员配置，拿一个项目组来说，首先是项目负责人，也就是这个项目的后期总导演。接着是内容主编，内容主编分管编导和合成师，还有音频、包装、责编，这个责编大部分是前期的。因为后期做完成片以后需要发波速带，这个波速带是需要前期派人过来把关各种技术标准，还有是错别字的校正。虽然后期也会做，但是做完之后，责编也必须检查一下。

还有商务导演。后期的商务导演并不是前期的商务导演，后期商务导演是专门来应付前期商务的，前期商务会给后期下单子，这个单子会跟后期说明，比如两个品牌的同类产品在同一个画面、同一个镜头中出现，先要呈现哪个，后期必须得把另一个处理掉，或者把画面拉大，把另一个给遮出去。还有出现的时长等，这些前期商务会去算，算好之后给后期商务下单，然后根据这个改一遍。还有联合 logo 也一样，带权益的 logo 和带冠名的 logo，叫作联合 logo，前期商务算完以后给后期商务下单，不够就要补，多了就要改镜头。

上线后的版本修改是这样的，电视节目好一些，因为它有层层把关。公司后期制作完成以后，责编会来机房审，审完了，后期出带子，到台里还要审。电视节目的审查制度是一级一级的。出了带子以后，后期还得改，改了以后再送审。但是网络节目不同，网络节目后期公司做完以后，平台（比如爱奇艺、优酷、腾讯等）会派一位责编过来跟着后期一起过一遍片子，如果责编觉得没问题了，文字没有错别字，声音没有断的，没有意外黑场，没有加帧，就可以出片了。但很有可能当天播出以后，网友发现了问题，会在弹幕里评论。那时后期就需要尽快改正，改完以后从后台进行替换。

节目播完以后，后期公司是要做一次整理的，就是归类和备份。存储条件不一样，所以备份的内容也不一样。有的公司可能要求素材也要备份，但是按正常来说，大部分后期公司只备份一个节目播放成片即可。

【思考题】

1. 如何理解后期“前置化”？
2. 分析一档节目如何通过后期的二次创作完成故事线的建立。

附件一

《匠心传奇》茅台特集台本

——茅台，一瓶不可复刻的传奇

主持人：杨澜　明星嘉宾：林永健　意匠大师：所有茅台人

【主题阐述】

在本期节目中，“匠心大使”林永健受到策展人杨澜女士邀请，跟随“匠心之谜”（土陶罐、镰刀）的引导，来到了贵州省茅台镇，感受中国版图上最为香醇的赤水河的独特风韵，也收获了田间地头生长的红高粱的自然力量。

杨澜与“匠心大使”林永健在茅台酒厂，开启了一段神秘而传奇的探访之旅，他们切身感受意匠大师们一个个传奇的故事，亲身体验每位意匠大师所承袭的每一道传统酿造技艺，将神秘茅台不可复制的秘密一层层完整地呈现在观众面前，也让观众更真切地感受到一代代茅台人对“匠心匠意”精神的传承、发扬与创新之举。

酿一瓶好酒，承一份“匠心”。一代代的茅台人遵循酿酒古法，在这片土地上辛勤劳作，让茅台每一滴酒都代表着中国醇香，成为香飘世界的一张中国名片。

—— PART 1 开场 ——

人物：杨澜

时间：2018 年 8 月底

地点：北京国匠展馆

道具：1 个土陶罐，1 把镰刀（节目组自备）

备注：此部分拍摄后期在北京补拍

独立展台上，一个空的陶罐和一把镰刀，并置在展台上，杨澜拿起镰刀仔细端详。

【杨澜：一个陶罐和一把镰刀，是传承了千年的生产工具，辛勤的劳作是古代中国人安身立命的根本。人们栖水而居，靠山而食，陶罐装着富足，镰刀收获希望。先民们从未停下追求美好生活的脚步。（看着两样物品）他们之间奇妙的化学反应又会写就怎样的“密码”。

【杨澜：我是“国匠大礼”策展人杨澜。今天，我将迎来我的一位老朋友，跟他一起解开这陶罐和镰刀蕴藏的“匠心之谜”。

—— PART 2 见物不见人——

【第一番：匠心大使“破题”见杨澜】

【要点提纲】

- 林永健表明身份来意，猜测“匠心之谜”。
- 林永健完成红高粱收割任务。
- 林永健完成赤水河取水任务。
- 与杨澜会面，猜测“意匠大师”身份。
- 杨澜发布联名款任务，两人带任务出发，寻找意匠大师。

林永健表明身份来意，猜测“匠心之谜”

人物：林永健

时间：2018 年 8 月 22 日上午 8：20—8：45

地点：仁怀市境内红高粱地

道具：土陶罐一个，镰刀一把，箩筐一个（节目组自备）

场景描述

林永健一手拿镰刀，一手拿土陶罐，独自行走在高粱地里，表明自己的身份和来意（航拍带出高粱地，各种景别展现秀丽的风景）。

对话方向

【林永健：（方向）

1. 表明来意：这里的环境很是惬意，空气也很新鲜……

2. 猜测谜题：杨澜交给我一个土陶罐和一把镰刀，说只要在罐内装满河水，用镰刀收割一筐庄稼，她就会出现。难道我要寻找的意匠大师是跟农作有关？我得赶紧完成这两个任务，跟她会合，一起去解开这个谜题。

3. 硬口：我是林永健，我来了。

林永健完成红高粱收割任务

人物：林永健

2018 年 8 月 22 日上午 8：50—9：20

地点：仁怀市境内红高粱地

道具：土陶罐一个，镰刀一把，箩筐一个（节目组自备）

场景描述

林永健来到红高粱地，找到箩筐，开始收割高粱。

对话方向

【林永健：（方向）这是一片红高粱地吧，我可是干过农活的，这个难不倒我。（边收割庄稼边）讲述曾经下地干活的经历。（收割完一筐以后）接下来，目标赤水河畔，出发。

林永健完成赤水河取水任务

人物：林永健

地点：赤水河畔

2018 年 8 月 22 日上午 10：40—11：10

道具：土陶罐一个，镰刀一把，装满高粱的箩筐（节目组自备）

场景描述

林永健在赤水河畔找到一处方便取水的地点，用手撩起水花，清澈凉爽，弯腰取水，宣告成功。镜头唯美，光影奔流。

对话方向

【林永健：（方向）河水清澈见底，（取一罐水向镜头展示），很简单，任务完成。

与杨澜会面，猜测“意匠大师”身份

人物：林永健、杨澜

2018 年 8 月 22 日上午 11：10—11：30

地点：赤水河畔

道具：土陶罐，镰刀一把，装满高粱的箩筐一个（节目组自备）

场景描述

林永健满头大汗，装好一罐水后，杨澜在远处呼唤，两人见面。

对话方向

【二人相见，熟络寒暄。

【杨澜:（方向）瞧你热得满头大汗的，这任务是不是很辛苦?

【林永健:（方向）任务倒是没什么难度，天气确实是太热了。

【杨澜:（方向）任务完成得不错，这土陶罐也装满了水，这红高粱也装满一箩筐了,（硬口方向）现在能不能猜到今天我们要拜访的“意匠大师”是做什么的?

【林永健:（方向）1. 这里是具有神秘色彩的茅台镇；2. 取水的河流是赤水河；3. 收割的是红高粱，我们要寻找的“意匠大师”肯定与茅台酒有关。

杨澜发布联名款任务，两人带任务出发，寻找意匠大师

人物：林永健、杨澜

2018 年 8 月 22 日上午 11：30—11：50

地点：赤水河畔

道具：装满水的土陶罐，镰刀一把，装满红高粱的箩筐

场景描述

两人站定的对话状态。

对话方向：

【杨澜：（方向）没错，接下来我去一个地方，寻找我们的“意匠大师”，共同见证赤水河水与红高粱碰撞出的“化学反应”。但是在这之前，（硬口方向）我有一个任务给你，那就是你要与茅台的意匠大师一起，共同打造一个联名款，最终以国匠大礼的形式落入国匠展馆进行展览。

【林永健：（方向）好的！这一定是个艰巨的任务，我一定会竭尽全力完成！

【杨澜：（硬口）走吧，带着任务出发吧。

【第二番：揭开“匠心之谜”的密码】

【要点提纲】

- 茅台酒之源，“遇见”李保芳
- “匠心之谜”的真正寓意
- “茅台酒之源”的特殊含义
- 古法传承的“序引”
- 继续寻找“意匠大师”，开启感受茅台魅力之旅

时间：2018 年 8 月 21 日 13：30—16：00（出镜人员带妆到场，含半小时对台本时间）

茅台酒之源，“遇见”李保芳

人物：林永健、杨澜、李保芳

地点：“国酒茅台”房屋内

道具：装满水的土陶罐，镰刀一把，装满红高粱的箩筐（除红高粱外，其他节目组自备）

场景描述

杨澜带着林永健来到“国酒茅台”房屋的门口，推门进，见到李保芳书记。李保芳书记热情地迎接二人，三人熟络寒暄。

对话方向

【杨澜介绍贵州茅台集团原党委书记、董事长、总经理——李保芳】

李保芳人物介绍

李保芳，贵州茅台酒厂有限责任公司原党委书记、董事长、总经理；贵州茅台酒股份有限公司原董事长代总经理。任职期间，大力推进销售转型，强力稳定市场价格，努力推动行业竞合发展，努力外拓市场，“让世界更加爱上茅台，让茅台更加香飘世界”；全力促进增长，推动茅台稳中向好发展。

【三人相见热络寒暄】

【林永健（硬口）：李书记，您就是我们要寻找的“意匠大师”吧？

【李保芳（硬口）：在茅台，你们将感受每道工序的魅力，发现“茅台酒不可复制的四个关键秘密”，之后“意匠大师”就会出现。

“匠心之谜”的真正寓意

人物：林永健、杨澜、李保芳

地点：“国酒茅台”房屋内

道具：装满水的土陶罐、镰刀一把、装满红高粱的箩筐

场景描述

林永健询问匠心之谜，李保芳揭开茅台酒的“第一个关键秘密”。

对话方向

【林永健（硬口方向）：李书记，您为什么要我来收集这两样东西，有什么特别意义吗？

【李保芳（方向）：人类饮酒的历史超过了4000年，而造酒的根本元素就是水和粮食。对茅台而言，“水为酒之血，粱为酒之肉”。

【林永健（方向）：我取水的河流应该就是赤水河吧？

【李保芳（方向）：是的，赤水河是关乎中国白酒命脉的一条河，不仅孕育了茅台这个世界级的品牌，而且孕育了习酒、郎酒等知名品牌。

【杨澜（方向）：据我所知，这条赤水河很神秘，不同时节河水的颜色不同。

【李保芳（方向）：没错，每年端午节到重阳节期间，赤水河是呈赤红色的。而重阳节到第二个端午，水是清澈的。水浑浊时正是制曲的时间，清水期则投料、

烤酒、取酒，这就是茅台秉持天人共酿的原则之所在。

【杨澜（硬口方向）：天人共酿，这个词把赤水河和茅台酒的命脉紧紧地结合在一起。

【李保芳（方向）：赤水河是茅台酒的生命，水质优良，含有多种对人体有益的成分。长期以来，各级政府、茅台集团非常重视赤水河的保护。2004 年起，茅台集团连续十年累计出资 5 亿元，用于赤水河保护。

【林永健（方向）：原来如此，李书记，那我收割的这筐红高粱对于茅台酒又有什么特殊的意义？

【李保芳（方向）：你手里的红高粱抗病、抗旱能力强，产出的高粱糯性好，只有这种红高粱，才能经受住茅台酒工艺多轮次翻烤和高温蒸煮工序，出酒率高，是茅台酒最重要的原料。

【杨澜（方向）：所以，这些红高粱只能种植在茅台镇附近吧？

【李保芳（方向）：是的，只有在赤水河沿线周边县市才能种植出来。从 2018 年起，茅台主动提升高粱收购价格，每年给农民让利上亿元。这也鼓舞农民用心劳作，为我们提供更优质的高粱。

【林永健（硬口方向）：所以，这赤水河水和这种独有的红高粱就是茅台不可复制的秘密之一！

【李保芳（硬口方向）：是的，你们已经解开了第一个秘密。

“茅台酒之源”的特殊意义

人物：林永健、杨澜、李保芳

地点：从“国酒茅台”房屋内转场到茅台酒之源外（从二层到一层）

场景描述

以茅台酒之源的外景作为背景，李保芳书记带两人简单参观，讲解茅台酒厂的发展历程，简单为两人讲述“茅台酒之源”的故事。

对话方向

【杨澜（硬口方向）：李书记，为什么把我们约在这里见面？茅台酒之源这个地方有什么特殊的意义吗？

【李保芳：我们所在的地方，是茅台酒最早酿造体系的实物见证，是茅台酒坊的旧址，茅台百年基业始于此处。我带你们去看看。

【杨澜：走，看看去。（转场房屋外）

【李保芳：2000多年前，茅台镇的枸酱酒就作为贡品享盛名于世。1951年，由政府统一接管“成义酒坊”“荣和酒坊”和“恒兴酒坊”，更名为“地方国营茅台酒厂”。后来酒厂不断扩建。现在茅台产量突破四万吨。茅台作为香飘世界的中国名片，越来越具有世界级品牌的影响力。

古法传承的“序引”

人物：林永健、杨澜、李保芳

地点：一层门楼附近

场景描述

林永健询问如何找到其他三个关键秘密，李保芳书记概述茅台的匠心传承。

对话方向

【林永健（方向）：李书记，我们刚才已经解开第一个秘密了，那其他三个关键的不可复刻的秘密，我们该如何找到呢？

【李保芳（方向）：一瓶茅台酒从投料到出厂至少需要5年，历经30道工序、165个工艺环节。直到今天，茅台酒大部分工艺依然以传统手工艺为主，可以说，正因为是对古法传承的坚守，对品质的坚持，才使茅台成为世界蒸馏酒第一品牌！接下来，我将带你们去亲身感受茅台的每一道工序，感受茅台“匠心”之所在。在那里，你们会找到茅台其他三个关键的不可复制的秘密。

（画面呈现：拍摄的每一道工序的陶艺小人微距镜头+工艺工序的花字介绍）

继续寻找“意匠大师”，开启感受茅台魅力之旅

人物：林永健、杨澜、李保芳

地点：一层门楼附近

场景描述

两人在李保芳书记的指引下往前走，杨澜、林永健出画。

对话方向

【杨澜（方向）：听完您的讲述，我和林永健已经迫不及待地去探寻这一瓶茅台酒的传奇故事了。

【李保芳（硬口）：那接下来，就请你们继续去寻找“意匠大师”，在感受茅台魅力的同时，继续解开“茅台不可复刻的关键秘密”吧。

—— PART 3 解密茅台酒酿造的“匠心密码”——

【第一番：古法制曲的“匠心”】

【要点提纲】

- 寻找制曲车间的“意匠大师”
- “酒曲”的力量
- 体验“踩曲”的魅力
- 踩曲工序，“匠心”传承

寻找制曲车间的“意匠大师”

人物：杨澜、林永健、任金素（首席酿造师）

时间：2018 年 8 月 21 日 8：00—10：00（出镜人员带妆到场，其中包括半小时对本时间）

地点：制曲车间

道具：制曲用到的工具，两套工作服（茅台准备）

场景描述

杨澜和林永健推开大门，进到制曲车间。任金素热情迎接，在参观车间之前，请两人脱掉鞋子，换上工作服。

对话方向

【任金素：欢迎来到制曲车间，我是任金素。

【杨澜：任师傅，您好，我是杨澜，这位是林永健。

【三人相互问好寒暄。

【杨澜（方向）：任师傅，您在茅台工作多少年了？

【任金素：我在茅台制曲车间工作 34 年，现在是茅台的首席酿造师。

【杨澜（方向）：您能带我们看看制曲究竟有哪些讲究吗？

【任金素（方向）：当然可以，但是首先还得请两位脱掉鞋袜，换上工作服。

“酒曲”的力量

人物：杨澜、林永健、任金素

地点：制曲车间

时间：2018 年 8 月 21 日 8：00—10：00

道具：两套工作服（茅台准备）

场景描述

两人换好服装，任金素带领两人参观制曲车间，讲述古法制曲的重要性。

对话方向

【林永健（方向）：任师傅，一直说酒曲酒曲，到底什么是“曲”呢？

【任金素（方向）：曲就是曲药，曲药以小麦为原料，先将小麦粉碎，加入水和“母曲”搅拌，发酵之后制成酒曲。曲对于酒的作用是非常重要的，只有达到要求的大曲，酿出来的酱酒才能达到酱香突出、优雅细腻、口感醇厚的层次。

【杨澜（方向）：我记得 2003 年“神舟五号”发射的时候，搭载的物品就有咱们茅台酒的“酒曲”吧？

【任金素的故事：是的，（借助原料讲解）这是小麦，这个是红高粱，还有大曲，就是这些茅台酒的原料，搭载“神舟五号”飞船成功发射到了太空，我也非常开心。当时参与了那批大曲的制作过程（当时的故事），也很有幸见证了这一历史时刻。

【杨澜（方向）：有句话说“曲为酒之魂，粱为酒之肉”，说的就是茅台酒的酒曲。

【任金素（方向）：是的，一瓶茅台酒的诞生，除了得益于茅台镇特有的自然环境，也离不开“制曲”工艺。而且在茅台，制曲工序一直延续并遵循着古法，我带你们一起感受一下。

体验“踩曲”的魅力

人物：杨澜、林永健、任金素、踩曲工人（8 女 2 男）

地点：制曲车间

道具：1. 踩曲用的工具；2. 一筐小麦、一筐红高粱、一筐大曲，各 5 千克；3. 不锈钢盆 2 个，尾酒若干，凳子 2 个。

场景描述

任金素带领两人来到踩曲区，踩曲男、女们正在进行踩曲的工作。任金素教授为两人准备不锈钢盆，内装有尾酒，二人泡脚后，任金素教授教两人踩曲方法，两人与踩曲工人一起感受古法踩曲的魅力。

对话方向

【林永健（方向）：任师傅，茅台仍旧一直沿用人工踩曲的方式吗？

【任金素：（硬口方向）是的，这也是我们制曲工序对古法的传承吧。

【杨澜（方向）：我一直以为“网传”的只有女子踩曲，原来踩曲也可以有男士参与的？

【任金素：（方向）的确相对于其他工序来讲，女士的确更适合做踩曲的工作，但并不是只有女子来踩曲的。

【杨澜（方向）：我看他们踩曲时就像在跳舞一样，像是有编排好的舞步。

【任金素：（方向）很像是跳舞一样。他们要在填满酒曲的曲盒上来回踩踏 50 多次，形成中间突起外表光滑的龟背曲坯，每个曲坯的厚度要掌握在 11—13 厘米范围。而且踩曲对于力度和密度的要求是特别高的，既要松紧有度，又要粉碎，有助于发酵，十分严格。

【杨澜（方向）：您也教教我俩，让我们也感受一下吧？

【任金素：（方向）当然可以，但是在这之前，我要对你们的脚做一个小小的处理。

【杨澜、林永健吃惊。

【任金素引导两人来到布置好的区域，请两人“泡脚”，并讲述用尾酒“泡脚”的原因。泡脚完毕后，两人与几位踩曲工一起认真“起舞”，将踩完的曲块做对比，由任金素评定结果。

【杨澜（方向）：我俩踩完的看起来差不太多吧，任师傅给我们评定一下。

【任金素：（方向）杨澜姐这个合格了，可以用作曲块，加入下一道工序中。

【林永健（方向）：那任师傅您看我这个，我也很努力地踩了，能够合格进入下一道工序吗？

【任金素：（方向）从松紧程度、曲坯厚度的把握进行判定，林永健踩的曲也算达到合格标准。

【两人一同将踩好的曲放在相应的地方。

踩曲工序，“匠心”传承

人物：杨澜、林永健、任金素、踩曲工人

地点：制曲车间

场景描述

杨澜总结制曲工序的古法“匠心“传承，告别任金素，与林永健一起，继续寻找“意匠大师”，推门离开。

对话方向

【林永健（硬口）：所以任师傅，茅台不可复制的第二个秘密，是否就是这古法传承的人工制曲工艺吧？

【任金素：（方向）：没错。

【杨澜（感悟方向）：沿袭至今的制曲工艺以及人工踩曲，踩曲工人们日复一日顶着高温辛勤劳作，也正是茅台传承至今的“匠心”所在。

祭麦仪式 VCR

“悠悠昊天，万物以兴。山河毓秀，旨酒其醇。”茅台人端午祭麦，正是源自这里流传千年的传统工艺——端午踩曲。为了弘扬酱酒文化，将其与传统文化融为一体，每年端午，茅台人以虔诚之心敬奉天地，祈求风调雨顺，诸事平安，酒美业宏。端午祭麦，是代代相传的习俗，也是茅台人表达对大自然的敬畏与热爱的一种独特方式。

【杨澜（方向）：林永健老师，了解了制曲工艺，您对联名款有什么想法吗？

【林永健（方向）：我们的联名款必须承载着浓浓的“匠心”，我觉得我们还是需要继续探寻茅台的魅力，再给我带来一些灵感。

【任金素：（方向）短短的一番体验，我已将我从业以来茅台制曲工艺的精髓都向你们展现了。接下来，就请你们进入下一道工序，继续解开“茅台不可复制的关键秘密”，去寻找到真正的“意匠大师”吧。

场景描述

杨澜、林永健与任金素道别，推开大门，离开制曲车间，脱下工作服。

【第二番：制酒中蕴藏的“匠意”】

【要点提纲】

- 寻找制酒车间的“意匠大师”
- 微生物的力量——茅台酒的独创
- 品评“轮次酒”的味道
- “制酒”工序，“匠意”独运

寻找制酒车间的“意匠大师”

人物：杨澜、林永健、彭朝（特级酿造师）

时间：2018 年 8 月 21 日 10：30—12：00

地点：制酒车间

道具：制酒用到的工具，1—7 轮次酒样各 4 份，酒碗 28 个，长条桌 1 个（长 4 米、宽 1.5 米）（茅台准备）

场景描述

杨澜和林永健推开大门，进入制酒车间，彭朝上前热情迎接。

对话方向

【彭朝：欢迎来到制酒车间，我是彭朝。

【杨澜：彭师傅，您好，我是杨澜，这位是林永健。

【三人相互问好寒暄。

【杨澜（方向）：彭师傅，您在茅台工作多久了？

【彭朝（方向）：我是 1985 年到茅台酒厂，就一直在制酒车间工作，已经工作了 33 年。

【杨澜（方向）：一直就在制酒岗位上工作吗？

【彭朝（方向）：对，从 1985 年一直到 1991 年，做了 6 年学徒，才有机会开始正式的制酒工作。而 6 年学徒，已经是茅台建厂以来最快的学徒了。

【林永健（方向）：又是一位为茅台奉献一生的可爱的人。

微生物的力量——茅台酒的独创

人物：杨澜、林永健、彭朝

地点：制酒车间

时间：2018 年 8 月 21 日 10：30—12：00

场景描述

彭朝边走边为两人讲述茅台酒厂换址的故事，来到锥形酒糟堆旁，讲述微生物的力量——茅台的核心工艺。

对话方向

【杨澜（方向）:彭师傅，在您的工作生涯中，有没有特别让您印象深刻的事呢？

【彭朝的故事：当然有，我来到茅台的第 ×× 年，茅台酒厂曾在异地多次试验造酒，当时我的父辈就跟随大部队去过 ×× 等地区试验造酒，当时发生了许多故事（此处需要故事储备），但是最后都没有成功。

【林永健（方向）：酿酒必须具备天时、地利、人和的条件。

【彭朝的故事：是的，日本曾经一直想知道酿造茅台酒的技术，20 世纪 70 年代，他们从茅台酒里化验出多种营养成分，可是无法辨别微生物的种类。90 年代，他们又公布了化验结果，说茅台酒有 230 多种香气成分，其中 2/3 的香气成分和 70 多种微生物种类无法命名。他们就买了一块窖泥带回日本仿造。可惜，他们跑到日本造出来的酒，完全不是一个味道，毕竟那些窖泥到了日本之后，明显水土不服，大部分都失效了。

【杨澜（方向）：所以茅台酒厂必须建在这片盆地状的低谷。

【彭朝（方向）：没错，茅台的地理环境本身就像一个天然酒窖，地处河谷，风速小，十分有利于酿造茅台酒微生物的栖息和繁殖。与此同时，这里千百年经久不息的酿酒活动使微生物的活动愈发活跃，种类更稳定，在茅台镇上空编织出无法复制的微生物网。

【杨澜（方向）：这个生物优势也可以说是茅台酒的天赋优势了。

茅台独创工艺——高温堆积发酵就在我们车间，这道工序利用的就是微生物与粮食进行充分接触并发酵。如今，茅台对于微生物的运用已经上升到艺术水准，整个制酒车间就像一个庞大的交响乐团，酿酒师是指挥，空气中成百上千的微生物就是一个个乐手，听我们指挥。这些年，我们也在不停地研究，如何将微生物更科学地运用在酿酒体系中，因地制宜把它的独特性更好地为我们所用。

【杨澜：（伸出手在空气中感受着）我仿佛触摸到这一个个可爱的小生命，感受它们强大的力量。

【彭朝（方向）：我们制酒车间一年四季窗户都不会关闭，为的就是让微生物可以自由交换，自由穿梭在室内户外。所有对温度的控制也是基于经验中微生物所带来的变化，最高级的制酒师，就是运用这些微生物的高手。

【林永健（硬口）：所以，因地制宜，与无处不在的微生物共同协作，是否就是茅台不可复制的第三个秘密？

【彭朝（方向）：没错。

【杨澜、林永健总结感受：我们感到茅台酒虽然是靠工人来酿制，但工人们有一群看不见的小伙伴，这就是大自然馈赠给我们的微生物，人类和它们之间通过祖先传承的方法，默契劳作，才成就如此美味的佳酿。

品评“轮次酒”的味道

人物：杨澜、林永健、彭朝

地点：制酒车间

道具：制酒用的工具，1—7 轮次的可供品尝的酒样，酒碗 28 个、长条桌。（茅台准备）

场景描述

彭朝带两人来到准备好的品酒区，让两人品评微生物的杰作——“轮次酒”的味道。两人通过对“轮次酒”味道的记忆，做一次排序体验。

对话方向

【杨澜（方向）：能带我们品尝一下制酒工人与微生物共同酿出的美酒吗？

【彭朝（方向）：当然可以，我们制酒的工序会有七次取酒，我带你们一起去品评一下。

【彭朝（方向）：一般刚烤出来的轮次酒，具有刺激感，经过长期贮存后，口味变得醇和、柔顺，酱香也更加突出。贮存越久，茅台酒的酒体越柔顺，香气越幽雅。先尝尝第一、二次的酒，说说有什么感觉。

【杨澜、林永健品尝，谈感受。

【彭朝（方向）：第一、二次的酒口感酸涩辛辣。再尝尝第三、四、五次的酒。

【杨澜、林永健品尝，谈感受：味道跟喝过的白酒很相似了。

【彭朝（方向）：第三、四、五次出的酒最好喝，称为“大回酒”。你们可以再尝尝第六、七次出的酒。

【杨澜、林永健品尝，谈感受：发焦、发苦。

【彭朝（方向）：没错，第六、七次的酒为“追糟酒”，口感上就像你们说的会发涩、发苦。接下来，你们可以利用刚才体味过的“口感”将你们面前打乱顺序的七个酒杯排出你们认为的准确顺序。

【杨澜、林永健边品尝、边排序，状态微醺。

【排序完毕，两人请彭朝师傅判定结果。

“制酒”工序，“匠意”独运

人物：杨澜、林永健、彭朝

地点：制酒车间

【杨澜总结感悟：这里的每一滴雨露、每一寸土壤、每一种菌群，这里的温度、湿度、天地、自然才是茅台的酿造师，我们遵循自然法则，酿造天地之灵，雕琢每一道工序，将自然的馈赠完美地凝结在这一瓶酒中。林永健老师，了解了制酒工艺，你对联名款有什么想法吗？

【林永健（高兴）：如果说在“制曲”工序中，我收获的是传承的“匠心”，那在这里，在“制酒”工序中，我收获了“匠意”，是茅台独创的工艺。我觉得我们要打造的联名款必须是蕴藏着“匠心匠意”的茅台酒。

【彭朝（方向）：短短的一番体验，我已将我从业以来茅台制酒工艺的精髓都向你们展现。接下来，就请你们进入下一道工序，继续解开“茅台不可复制的最后一个秘密”，去寻找到真正的“意匠大师”吧。

场景描述

杨澜、林永健与彭朝道别，推开大门，离开制酒车间。

【第三番：勾兑出的“酱韵”】

【要点提纲】

- 寻找勾兑实验室内的“意匠大师”
- 勾兑的讲究
- 一场味觉与舌头的挑战
- 茅台—— 一瓶精酿诞生的传奇

寻找勾兑实验室内的“意匠大师”

人物：杨澜、林永健、季克良

时间：2018 年 8 月 22 日 15：10—15：30

地点：勾兑大楼外

道具：勾兑实验室正常的工作状态

几百个容器量装着不同年代、不同轮次、不同度数的基酒

体验一用到：5 种白酒（加上飞天茅台），茅台集团旗下不同品牌白酒 4 种（或其他白酒，logo 遮盖），成品茅台酒酒样，郁金香酒杯 20 个。

体验二用到：成品茅台酒酒样，10 个郁金香酒杯，1 杯白水。

（茅台公司准备上述道具）

场景描述

杨澜和林永健来到勾兑大楼外，季克良上前热情迎接。

对话方向

【季克良（方向）：欢迎你们，我是季克良……

季克良人物介绍

季克良，贵州茅台集团名誉董事长，茅台历史中最负传奇色彩里程碑式的人物，世界级酿酒大师。

【杨澜：季老您好，我是杨澜，这位是林永健。

【三人相互问好寒暄。

【林永健（硬口）：季老，您不是我们要寻找的“意匠大师”吗？

【季克良（硬口）：距离你们找到真正的“意匠大师”仅仅还有一步之遥。

【林永健（方向）：那季老，您快带我们去找到他吧。

【季克良（方向）：今天我带你们来的这个地方是茅台酒厂最核心的部分。之前所有的酿酒成果都在这完成最终的勾兑。之前，从没有人来到过勾兑实验室完成拍摄记录，今天我带你们进行感受和体验。

勾兑的讲究

人物：杨澜、林永健、季克良、王刚和几位其他勾兑师

时间：2018 年 8 月 22 日 16：00—17：40

地点：勾兑实验室

场景描述

季克良带两人来到勾兑实验室，王刚带着年轻勾兑师正在对桌上不同批次的罐子进行反复品尝和对比。季克良讲述勾兑的学问，两人目睹“标准茅台”的诞生。

对话方向

【季克良（方向）：引荐正在工作中的王刚——茅台首席勾兑师，以及年轻的勾兑师们。

【大家简单寒暄。

【林永健（方向）：季老，您曾经也从事过勾兑的工作吗？

【季克良的故事：我来到茅台的第二年，就在勾兑室学习了三个多月，那会儿来学勾兑，是为了总结经验，提高产品质量，促进名优白酒发展。因为在那个年代，书本上还没有勾兑知识，厂里根据我们厂的实际情况，为了更好地总结经验，提高产品质量，促进名优酒的发展，才有了“勾兑”这个词汇。20 世纪 90 年代，市面上出现了很多勾兑酒，都是用酒精、香精去调制。茅台酒的勾兑是一种技术与艺术的结合，不可同日而语。经过三个多月的学习，我写的文章《我们是如何勾酒的》发表了，引起了很大的反响。

【杨澜（方向）：就是在这篇文章中区分了三种典型体吧。

【季克良的故事：这三种典型体一直存在，只是在传承老师的基础上，利用自己在学校学到的技术和基础，在传承技术上做了一些创新。

【林永健（方向）：那么，所谓的酱香型白酒尤其需要勾兑，对吧？

【季克良（方向）：没错，茅台酒陈酿期满三年后，把不同香型、不同轮次、不同年龄、不同浓度的酒先勾基础酒，再调香、调味；先小型勾兑，再大型勾兑。小型勾兑，就是用桌子上的这些瓶瓶罐罐，这些按大批量勾兑容量比例缩小取样，根据其香味特点，充分发挥其优势，依照茅台酒的标准进行勾兑调制。

【杨澜（方向）：在勾兑之前，每位勾兑师将会对他们取得的这个批次的原料酒进行品味，那就是说，这将近两百个基酒都需要尝一遍。

【季克良（方向）：对，没错，他们必须要了解每一种原料酒的特性才能开始勾兑，而且勾酒师凭借自己的味觉，把不同轮次的酒调在一起，寻找味道之间的平衡与层次感。

【林永健（方向）：200 种味道，不断地配比，只为了那一个终极的味道！那么勾兑的过程只用酿好的酒勾兑吗？不加入水之类其他物质吗？

【季克良（方向）：你问到了茅台酒的“精髓”，茅台的勾兑环节除了选择不同特点的基酒，不会兑入一滴水。

【林永健再次重复季克良的话。

【杨澜（方向）：季老，我们可以看到他们是怎么进行一次勾兑的吗？

【季克良（方向）：没问题，我们请 ××× 来进行演示。

场景描述

经过勾兑师精准的勾兑，各种酒不断被加入容器当中，杨澜和林永健根据看到的勾兑过程，了解这神奇的勾兑工艺。当勾兑师完成勾兑时，他们仔细品尝刚刚勾兑完的酒，和标准茅台进行对比，发现味道已经完全一致了。

对话方向

【杨澜（方向）：这个勾兑没有精密仪器监测吗？

【季克良（方向）：其实茅台酒的很多指标至今仪器是测不出来的，这确实有些遗憾。但我们说茅台酒是“技术与艺术的结合”，传统的人工勾兑工艺，其实也为茅台酒平添了丰富的人性化，还有艺术感悟与神秘的直觉。

【杨澜（方向）：您说得太好了。

一场味觉与舌头的挑战

挑战一

人物：杨澜、林永健、季克良、王刚和几位其他勾兑师

地点：勾兑实验室

场景描述

季克良带两人来到挑战一区，邀请两人接受第一个“挑战”：两人需要品尝五杯不同的白酒，根据记忆中的味道，从中挑出茅台酒。

体验的核心内容

茅台酒的醇厚，通过记忆方式锁定这一精美的味道，然后从其他酒品中找到茅台。通过这一测试方式，轻松愉快地向电视观众传授如何品味最好的白酒。

对话方向

【季克良（方向）：你们刚刚喝到了勾兑好的茅台酒，我觉得你们已经记住了茅台的味道。今天，我也给你们准备了一个小的关于味觉和舌头的挑战，我身后的桌子上有五种酒，请你们凭借记忆，品尝过后从里面挑出茅台酒。

【林永健（方向）：又要喝酒了，我已经醉了。

【杨澜（方向）：我也差不多醉了。季老，我们都知道您是“首席白酒品酒师”，您这么多年肯定也没少喝吧。

【季克良的故事：这些年，只要我不出差，在茅台，勾兑好的酒都是要品评的，早些时候没有那么正规，每个人守着几个坛子，品评打分。后来正规了，六七个人，每人坐在各自的桌子上，用专门的容器盛着酒样，尝完都要打分的，少数服从多数，这么多年下来，至少也喝了 2 吨多了。

【杨澜、林永健（方向）：感叹并接受这个挑战，结合自己平时的饮酒经历，对结果进行预测。

挑战二

人物：杨澜、林永健、季克良、王刚、其他几位勾兑师

地点：勾兑实验室

场景描述

季克良带两人来到挑战二区，邀请二人接受第二个“挑战”，摆 5 个品尝酒的郁金香酒杯，按照专业评酒标准倒入茅台酒，其中一杯是早前季克良教授加入一滴（0.05 毫升）的白水。两人要努力分辨，品尝出哪一杯是加水的。

体验核心内容

两人切身感受茅台在勾兑过程中不加入一滴水的概念，任何轻微改变茅台的工艺、任何让质量打折扣的方式都是不可能的。如果两位嘉宾可以分辨出，那么证明他们有着敏锐的感觉，并且在体验中学习了很多知识。若没有分辨出，工艺

师通过闻的方式就能加以区别，并经过品尝的确认，那么茅台严格的质检过程就更加令人信服和感动。

结 论

专业的调酒师，只用闻的方式就能轻松分辨出酒中是否加水。

茅台——一瓶精酿诞生的传奇

人物：杨澜、林永健、季克良、王刚和2位年轻勾兑师

地点：勾兑实验室

场景描述

挑战完毕，两人酒态微醺，总结茅台这个无法复刻的传奇。

对话方向

【林永健（方向）：季老，我和杨澜女士也算是完成了挑战，真正体会到茅台的“匠心匠意酱韵”，感慨颇丰。所以，不掺入任何杂质，用不同轮次、不同度数、不同年代的多种基酒的多次比例勾兑，也是“茅台酒不可复制的秘密”，对吗？

【季克良（方向）：你真的非常聪明！

【杨澜（感悟方向）：在茅台的勾兑实验室，用200种不同特点的基酒，遵循一种连勾兑师本人都无法言说的规律进行仔细配比。经年累月的反复测试，对极致品质的追求，让200种味道产生神奇的化学反应。酒中的精华被萃取成一瓶瓶国酒茅台。

—— PART 4 联名款制作 ——

【第一番：联名款的提出】

【要点提纲】

- “国·匠酿造”的构想诞生
- 老酒库中开封取酒
- “国·匠酿造”的诞生

- 在举杯畅饮中，承载“匠心匠意”展望未来
- 永久封存

“国·匠酿造”的构想诞生

人物：杨澜、林永健、李保芳

时间：2018 年 8 月 21 日 16：20—17：30

地点：“国酒茅台”房屋内

场景描述

体验完所有工序，杨澜与林永健找到李保芳书记，提出联名款任务，请李保芳帮助找到“意匠大师”并完成任务。

对话方向

【杨澜（硬口方向）：李书记，所有工艺我们都感受完了，也解开了“茅台酒不可复制的四个关键秘密”。这次，我和林永健也是带着任务来的。本期需要由茅台的意匠大师和林永健合作完成一个联名款，最终以国匠大礼的形式落入国匠展馆进行展览。所以，李书记，我们真正的“意匠大师”究竟如何才能找到呢?

【李保芳（方向）：其实，真正的“意匠大师”你们已经找到了。他就是一代又一代的茅台人!

【林永健（方向）：我早该想到的。

【杨澜（方向）：找到了真正的“意匠”大师，见证了茅台所有的工艺，你对联名款有确定的想法了吗?

【林永健（方向）：我有一个想法不知能否实现?李书记，我想找几个有特别意义的年份酒，与茅台人一起，为《匠心传奇》特别勾兑一款酒，并进行永久封存，不知能否实现?

【李保芳（方向）：这个想法很棒！接下来我就带你们去酒库，为联名款去寻找合适的年份酒。

老酒库中开封取酒

人物：杨澜、林永健、李保芳、酒库工作人员 3—5 人。

时间：2018 年 8 月 22 日 13：00—14：30（出镜人员带妆到场，含半小时对台本时间）

地点：老酒库

道具：开坛取酒的工具，1949 年的酒坛（准备一个 1949 年身份证挂在任意一个酒坛上）（茅台准备）

场景描述

三人来到老酒库的门口，李保芳书记带两人参观老酒库，并选定建国酒作为基酒打造联名款。

对话方向

【李保芳（方向）：这里就是茅台的老酒库。

【李保芳打开大门，邀请两人进入酒库。

【两人为此场面震惊，感叹！

【李保芳书记引两人参观酒窖，讲解（方向）：这里就是茅台的老酒库，每年每个轮次的基酒都封在土陶罐中，封存在这里。之前你们在勾兑实验室中用到的所有基酒，都来自这里。

【林永健（方向）：这老酒库里封存的都是茅台酒的命脉吧？李书记，这里有哪些具有特别意义的基酒呢？

【李保芳书记带两人来到一个酒坛旁，介绍每坛酒都有身份证，（拿起一个身份证）这就是 1949 年的建国酒，你们可以用它作为基酒来勾兑联名款。

【二人开心，感谢。

场景描述

李保芳书记请专业人士为联名款开封取酒，为勾兑做准备。

茅台祭酒仪式 VCR

OS：（需确认）

为了祈祷来年更获佳酿，也为了继承民俗文化，弘扬传统工艺，传承国酒文化，在每年的“茅台重阳祭酒节”之日，所有茅台人祭拜天地，祭拜历代祖师宗师，焚香烛、献祭品、念祭词，只为表达祭奠之意、崇敬之情与感恩之心。直至今日，祭酒节已不只是一个仪式，它已成为茅台人传承传统工艺，坚守生产质量，发扬匠人匠心匠意的精神信念，深根于茅台人的心中。

【第二番：联名款的制作】

“国·匠酿造”的诞生

人物：杨澜、林永健、李保芳、季克良、王刚、彭朝、任金素（各个工序的代表人物）

时间：2018 年 8 月 22 日 16：00—17：40

地点：勾兑实验室

道具：开封取 1949 年的基酒。不同年份、不同轮次、不同度数的茅台基酒，勾兑用的工具，酒杯 10 个（茅台准备）

场景描述

杨澜、林永健与李保芳书记一起，带着选定的基酒返回勾兑实验室，此时，茅台人（各个工序的代表人物）在此等候，并且热烈欢迎。

对话方向

【杨澜（方向）：我们与李书记一起选定了 1949 年的建国酒作为联名款的基酒，希望在各位勾兑师的指导下，在所有茅台人的见证下，共同完成联名款的勾兑。

在举杯畅饮中，承载“匠心匠意”展望未来

人物：杨澜、林永健、李保芳、季克良、王刚、彭朝、任金素（各个工序的代表人物）

地点：勾兑实验室

时间：2018 年 8 月 22 日 16：00—17：40

道具：酒杯若干，“国 · 匠酿造”

场景描述

两人在勾兑师的指导下共同完成联名款的勾兑。杨澜邀请大家共同品尝。杨澜、林永健为每个空酒杯斟满酒，大家共同举杯，庆祝联名款的诞生。畅饮完毕，李保芳书记发言，展望未来美好前景。杨澜感谢林永健的参与，感谢每位茅台人作为意匠大师对“匠心匠意”的传承与创新。

对话方向

【杨澜（方向）：勾兑完成了，我们为它取个名字吧。

【李保芳：1949 年代表“国”，所有的茅台人是“匠”，由我们的酿酒师勾兑完成称为“酿造”，就给它取名“国 · 匠酿造”如何？

【杨澜（方向）：我们大家共同举杯，庆祝“国 · 匠酿造”的诞生！

【李保芳（方向）：

（茅台的成绩）：2017 年，茅台的“成绩单”很亮眼，主要指标完成均超过预期。2018 年，茅台仍会延续良好的发展势头，不断为国家、消费者、股东创造新的价值，这对茅台来说，是荣誉，也是责任。

（承载匠心匠意、未来展望）：茅台的每一滴酒，都代表着中国醇香。茅台的每一位匠人，都承袭着古法技艺，茅台代表着中国品牌飘香世界，也在向世界敞开一种醉心的情怀。

【杨澜（方向）：感谢李书记，感谢林永健的参与，感谢每一位茅台人作为意匠大师对“匠心匠意”的传承与创新。

【林永健（硬口）：杨澜女士，请问由茅台的“意匠大师们”共同打造的这款“国 · 匠酿造”可以成为国匠大礼入驻国匠展馆吗？

【杨澜：当然可以。

【第三番：包装——永久封存】

永久封存

人物：玻璃大师

地点：北京

场景描述

画面回闪两人与意匠大师们的精彩部分。最后，以北京的玻璃大师为“国·匠酿造”进行（艺术的）永久封存作为结尾。

OS 参考：（结合联名款揭幕）

“国·匠酿造”，承载着“匠心大使”林永健与茅台人满满的心意。国之创新，匠之独运，匠心所致，经典传承。茅台，这座拥有千年芬芳的古城，有着太多岁月的沉淀，历代茅台人发扬传承与创新精神，共同成就悠扬厚重的绝世佳酿。

—— PART 5 归置展位 ——

人物：杨澜

地点：北京、国匠展馆

道具：永久封存的“国·匠酿造”（拍摄完成时需茅台封装成一瓶以 1949 年的年份成品酒即可。节目组带回北京存入玻璃艺术家设计的专用器皿内）

杨澜（结语）：酒带给人们的无法言说的快乐，酒从来就是人们见证人生重要时刻的必需品，茅台小到家庭，大到国家，被用来祝福每一次的感动。“人生重要时刻，茅台从未缺席。”这瓶凝结了茅台制作工艺中意匠大师毕生功力的茅台酒，成为国匠展馆收藏中最富想象的作品。英雄来来去去，传奇永不落幕。我是“国匠大礼”策展人杨澜，我在这里和你一起，见证那些不可思议的传奇。

—— PART 6 国匠时刻 ——

人物：林永健

地点：茅酒之源

时间：2018 年 8 月 21 日 17：40—18：10

道具：读本（节目组自备）

《我爱这土地》——艾青

假如我是一只鸟，
我也应该用嘶哑的喉咙歌唱：
这被暴风雨所打击的土地，
这永远汹涌着我们悲愤的河流，
这无止息地吹刮着的激怒的风，
和那来自林间的无比温柔的黎明……
—— 然后我死了，
连羽毛也腐烂在土地里面。
为什么我的眼里常含泪水？
因为我对这土地爱得深沉……

—— 完 ——

附件二

《我们的征途》前传台本

时长：25 分钟

故事时间线：出发前七天——出发前一天——出发——到坦桑尼亚—学习

<table>
<tr><th>序号</th><th>主题</th><th>地点</th><th>嘉宾</th><th>时间</th><th>预想桥段</th><th>采访或 OS</th><th>道具</th><th>备注</th></tr>
<tr><td rowspan="5">1</td><td rowspan="5">出发前的最后阶段</td><td colspan="7">开场设定：前七天——八人依次登场，表明已经做好准备，渴望踏上征途。</td></tr>
<tr><td colspan="7"></td></tr>
<tr><td>健身房</td><td>陆毅</td><td></td><td>陆毅在健身房里正为这次征途恢复体力，锻炼身体。汗水浸湿衣衫。陆毅表示他知道接下来的几天会很难，但他已经做好了准备</td><td>“经过第一次努力，我见到了真正的自然，我要让最好的自己踏上征途。”</td><td></td><td></td></tr>
<tr><td>游泳池</td><td>姚笛</td><td></td><td>姚笛正在为这次征途练习憋气，她一次次潜入水中，为了一点点微小的进步。她已经做好了准备</td><td>“再久一点，再强一些，始终都在试着不畏惧，也许这就是传说中勇敢的开始。”</td><td></td><td></td></tr>
<tr><td>动物园</td><td>田亮</td><td></td><td>带着孩子正在动物园看大象、狮子，这些会在节目中出现的动物，田亮跟孩子们表示接下来的一段日子，不要问爸爸去哪儿了，爸爸就是跟这些动物在一起。现在爸爸正在观察他们的生活习性，知己知彼，百战不殆</td><td>“像孩子般看待这个世界，带着全部的好奇出发，书写关于生存的故事。”</td><td></td><td></td></tr>
</table>

		家的感觉	郝邵文		妈妈正在给郝邵文做酱。郝邵文妈妈表示怕孩子在国外吃不惯，所以按郝邵文的口味做了酱。郝邵文表示有了这瓶酱，他就什么都不怕，不合口味可以吃它，想家可以看看它	“妈妈说生活就像辣椒酱，帮我回味到家的感觉，让我时刻想着为什么出发，不害怕。”		
		开阔地（类似露台）	张思帆		在家里搭帐篷睡觉，表示自己已经做好了去丛林的准备，现在不进帐篷都睡不着	“我在家里搭帐篷，我在心里搭帐篷，这些帐篷是我翻越一座又一座高山时心灵的栖息地，但愿，我能做到。”		
		片场	麦迪娜		片场里的其他演员对得知麦迪娜要去非洲生存这件事表达看法，纷纷鼓励她。她表示自己是个很勇敢的女孩，她已经做好了准备	“在梦里，我感受到遥远的世界，空无一人，我觉得，我要去远方了，我想知道，我们独自面对自然的时候，我脸上是怎样兴奋的表情。”		
		拳台	尹正		擂台上，穿着跆拳道道袍练习劈木板。尹正表示自己已经热血沸腾了，作为一个跆拳道黑带，他已经准备单挑荒野了	“就像所有的勇敢者证明自己的方式一样，一个人、一把刀、一种决心、一次通向内心的旅程。”		
		大排档	杜海涛		烤串店里正在吃着蚕蛹，他表示作为一个东北人，就是吃蚕蛹长大的。他觉得在野外肯定得吃虫子，所以先适应一下，顺便补充蛋白质，他的胃已经做好了准备	“我有着属于自己的准备方式！我可以对抗饥饿，对抗严寒，对抗酷暑，对抗一切要打败我的力量。”		

2	出发前一天	整体设定：收到节目组发的行李包，开始打包行李。（辅助空镜或字幕）						
		家	陆毅		“装备控”陆毅行李箱装着各种装备，都是他预测会用得上的	对比第一次和第二次节目，准备得有所不同		
		家	田亮		准备了很多清洁用品，觉得卫生是最重要的。两个孩子也在给田亮出谋划策，甚至躺进箱子想跟爸爸一起去非洲	猜测自己会遇到的各种问题和应对方法		
		家	尹正		带了镜子、防晒霜、啫喱等一系列臭美的东西，还带了自己的手办	幻想着自己的美好旅程，准备出发		
		家	郝邵文		妈妈帮其收拾行李	和妈妈的对话，偏轻松风格		
		家	麦迪娜		轻装上阵，觉得别人应该什么都带了，自己其实不用带什么	美女大心脏，完全没有意识到自己将会面对什么样的考验。她坚持认为，既然去感受一次生存挑战，那么就要什么都不带		
		家	杜海涛		开始从厨房往行李箱转移东西，什么锅啊铲啊都想往行李包里塞	海涛决心用自己的方法开创野外生存的新篇章，不但享受自然，还要享受好自然		
		家	张思帆		一边做攻略，一边收拾行李，放入很多奇怪但可能很有用的东西，比如痱子粉	实用派，耐心解释每一样东西的用法		
		家	姚笛		有条不紊地收拾东西，在吃的东西和画板之间选择了画板	一个文艺式的离开，决心放开自我，去享受一次不一样的挑战，挑战自我，看看自己在这样的环境中能做到怎样的程度		

3	旅途中	路上	所有人		从各自地方坐飞机，展现每个人不同的路线，但都汇聚于坦桑尼亚首都达累斯萨拉姆	每个人都讲述旅程中的真实感受		
4	坦赞铁路外景				各类空镜，脚步，背着背囊的身影	OS：8位对世界饱含深情的探险者，飞过半个地球来到人类生命起源的非洲大陆，来到狂野的坦桑尼亚，从这里开始一段段生存的历险。他们要从象征着中非人民友谊的坦赞铁路起点上征途，让一列通往未知的列车，载着决心，从内心出发。让梦想在坦桑尼亚的天空盘旋飞扬		
5	集结	坦桑尼亚火车站的内景	所有人		到达坦桑尼亚，在火车站集结，命运的选择。所有人从车站中依次出现，亮相			
6	见面	坦桑尼亚火车站的内景	所有人& MC		大家看到从二楼走下来的MC，彼此挑选了礼物。众人进行挑选，觉得什么好看或者觉得自己符合什么气质就进行选择。田亮、麦迪娜选择豹子，陆毅选择海豚，姚笛、张思帆选择水滴，郝邵文选择丁香，杜海涛选择非洲地图，尹正选择猴面包树。但他们并不知道这时候的选择已经决定了他们的命运	MC：大家好，我是XXX。欢迎各位踏上征途，来到美丽的坦桑尼亚。你们面前是我们为你们准备的见面礼，请挑选你们最喜欢的一个！杜海涛：我们知道您将是我们整个旅程中最重要的指引者，希望我们能用全部的努力和热情来完成所有的生存考验		

7	MC 背书				MC个人宣传结合字幕，渲染权威性	根据资料撰写		
8	月台见大师	月台	所有人		女MC将众人带到月台，此时一列火车驶入车站，火车停稳，车里走下六位服装鲜明、不同民族的生存大师。众人看着自己脖子上戴的图腾充满期待	MC：你们在刚才选择戴上礼物的同时，也就选择了你们这次来到非洲的身份。让我为你们介绍六位来自草原的顶级生存大师		
9	众人打招呼	月台	所有人		每个人和自己的师傅见面，交流	为了让你们能够活着走出这片土地，你们必须掌握一定技能。在你们面前是六位生存大师，每位大师都掌握着一门非洲生存必备的技能，你们将拥有六小时的时间突击集训学习一项技能，你们的老师其实自己已经选好了，跟着他即刻出发吧		

附件三

《我们的征途》台本中的知识点举例

▼ 郝邵文——“坦大白人”植物学家

地点：小屋

小屋设计：在民俗村里，选取一间房子，将房间内布置成一片森林的感觉。墙上贴满在学习过程中涉及的植物。

道具：各种植物，叶子果实的标本。包括millpeed、香蕉、菠萝、油梨、芒果、椰子、腰果、猴面包树和面包树上的果实、红千层、除虫菊等等。

植物学家：非洲的植物，种类繁多，有40000余种，对于野外生存的人来说，植物体内含有人类必需的维生素和矿物质，有的还可驱蚊入药，对人十分有帮助。但其实这是一把双刃剑，很多植物也非常危险，一旦食用可能会有生命危险。因此，掌握植物学的技能，将决定你们能否在丛林生存下来。

植物学家：首先，我们要学习判断植物是否可以食用，一旦食用有毒的植物，即便是医生也无法解毒，况且是在荒无人烟的丛林中。并且，致命的速度惊人，也许五分钟就会使中毒的人停止心跳。鉴别一种植物是否可以放心使用的关键在于，在不同阶段花足够多的时间对其进行判别；30分钟后观察你是否出现异常反应。再根据身体的反应情况，决定哪些东西能吃，哪些东西不能吃。

第一步，判断植物是否可以食用时，将各个部位分割开来。如果某一部位有毒，你可以直接淘汰这种植物，不需要再尝试其他部位。

第二步，闻每个部位，如果有恶臭味，不要去吃。

第三步，用嘴唇蹭一下植物，观察你的反应。

第四步，如果你用嘴唇蹭后没有出现异常反应，再用舌头舔一下。

第五步，如果依然没有异常反应，把它放进嘴里，试着去咀嚼。

第六步，如果都没问题，你可以尝试吞下一小块。如果胃没有出现排斥反应，就可以放心大胆地吃了。

辨识有毒的植物

名称：millpeed

据踩点人员反馈，此植物看起来像木瓜，直接食用会致命。更多信息待确认补充。

附图 1　millpeed 外形

其次，在丛林中采集可食用的植物是必备的生存技能之一。

在非洲流传一句话，“吃饭靠上树”，只要有树木生长的地方，人们就一定会有果腹之物。香蕉、菠萝、油梨、芒果、椰子、腰果、猴面包树和面包树上的果实等水果类食物，都可以作为一日三餐的主食。

附图 2　芒果树

附图 3　芒果

芒果树

形态特征

常绿乔木，树冠稍呈卵形或球形，树干直，树皮灰白色或灰褐色，树枝不容易被折断，小枝很直。芒果果实呈肾脏形，主要品种有土芒果与外来的芒果，未成熟前芒果呈暗紫色，成熟时，变成橘黄色或红色。五月恰好是成熟期，芒果开始掉果。

主要价值

1. 营养价值很高，包含维生素 B_1、B_2 和维生素 C，特别是维生素 A 含量远高于其他水果，而含糖量一般都达 15%—19%。

2. 树皮与树叶有止晕呕、敷火伤、烫伤的功效。

3. 咀嚼叶子可调节牙龈，叶子的灰可治灼伤。

椰子树

如果幸运地被冲到一个长满椰树的岸上，生存将不再是问题，椰子除了提供食物和水分之外，椰树也是搭建住所的良材。此外，椰树上的枝干和树叶也可用来生火、做衣服。

附图 4 椰子树

形态特征

植株高大，乔木状，高 15 米—30 米，茎粗壮，有环状叶痕，基部增粗，常有簇生小根。叶柄粗壮，花序腋生，果卵球状或近球形，果腔含有胚乳（即“果肉”或种仁），胚和汁液（椰子水）。

主要价值

1. 椰汁富含糖分、纤维、蛋白质、抗氧化剂、维生素和平衡人体酸碱成分的矿物质。

2. 椰肉，营养成分与椰汁类似。此外，富含碳水化合物和脂肪。

3. 做衣服，可以用椰子外壳做凉鞋和衣服。还能做碗、瓢。

食用方法

在椰果较软的部位打一个洞，用嘴吸着喝。喝完之后，巧妙地从椰果中线附近将其敲开，边转边敲，直到壳开裂。

芭蕉树

形态特征

穗状花序下垂，由假杆顶端抽出，花多数为淡黄色；果序弯垂，结果10—20串，约50—150个。

主要价值

1. 属高热量水果，据分析每100克果肉的发热量达91卡路里。含丰富的蛋白质、糖、钾、维生素A和C，同时纤维也很多。

2. 炎热时，出门吃根香蕉可缓解中暑现象。

附图5　芭蕉树

食用方法

成熟果实可直接食用，未成熟果实烹饪后可食用。

附图6　腰果树

腰果树

形态特征

常绿乔木，树干直立，高达10米。腰果是一种肾形坚果。有丰富的营养价值，可炒菜，也可作药用。它的食用部分是生在假果顶端的肾形部分，长约25毫米，由青灰色至黄褐色，果壳坚硬，里面包着种仁。

主要价值

甘甜如蜜，含有较高的热量，其热量来源主要是脂肪，其次是碳水化合物和蛋白质。

食用方法

吃腰果时一定要注意，人们一般是生吃腰果后部红色、绿色或黄色的“花托”，那是可以生吃的部分，而不是腰果果仁。

特别注意

腰果果仁的外部绿衣有严重的腐蚀性，不能直接用手来剥，否则双手手掌会全部暴皮。更不能用嘴去咬，不然嘴巴会肿胀得无法吞咽。

附图 7　猴面包树

猴面包树

猴子、猩猩、大象等动物最喜欢的食物。当果实成熟时，狒狒、猴子们就会成群结队而来，爬上树去摘果子吃，“猴面包树”的称呼由此而来。在非洲历史上的几次大饥荒时期，这种“天然面包”拯救了成千上万饥民的生命。在热带草原旅行的人干渴难耐时，只要找到猴面包树，就可以从树身上吸水得以解救。为此，人们叫它“生命树”。形态特征：猴面包树树冠巨大，树杈千奇百怪，酷似树根，树形壮观。果实有的大如足球，有的小若苹果，甘甜汁多。

主要价值

1. 果肉多汁，含有有机酸和胶质，含有大量微量元素、维生素等营养素，钙含量比菠菜高 50% 以上，含较高的抗氧化成分，维生素 C 含量是单个橙子的三倍，还含有酒石酸，吃起来略带酸味。

2. 叶片中也含有丰富的维生素和钙质，是当地居民喜爱吃的蔬菜。

3. 其果实、叶子和树皮均可入药，可以消炎、退热、治疟疾，还具有养胃利胆、清热消肿、止血止泻和镇静安神的功效。树叶和果实的浆液，至今还是当地常用的消炎药物。

食用方法

果实中，肉质能生吃，还可以直接吮吸汁液。

植物学家：最后，植物还有一个重要的功效，可作为药物使用。丛林中的蚊虫攻击性极强，只能依靠植物来防止和治疗蚊虫叮咬。

白花除虫菊

外形特征

约有半米高，从茎的基部抽出许多深裂的羽状的绿叶，在绿叶之中簇拥着野菊似的头状花序，花序的中央长着黄色细管状花朵，外周镶着一圈洁白的舌状花瓣。看起来淡雅而别致。

附图 8　白花除虫菊

驱蚊方法

方法一：可将所采除虫菊的白花晒干，然后磨成粉末，加适量水拌匀。粉末和水的比例一般为 5∶1。再将过滤后的混合溶液用来喷雾，可有效防治蚜虫、叶蝉、菜青虫、金花虫等虫害。

方法二：将除虫菊制成蚊香，点燃后挂在植株上，并用塑料薄膜密封 15 分钟左右，可熏杀粉虱。

注意事项

1. 本品常作蚊烟原料，亦作粉剂或乳油剂。敏感者接触或吸入后，可出现皮疹，鼻炎，哮喘等。吸入较多或吞服中毒，则引起恶心、呕吐、胃肠绞痛、腹泻、头痛、耳鸣、噩梦、晕厥等。婴儿还可出现面色苍白、惊厥等症。

2. 除虫菊所含杀虫成分容易水解失效，所以必须充分干燥，防潮避光贮存。一般不耐久贮；如贮藏一年，杀虫效力则能减少一半左右。

后　记

随着科技信息化技术的飞速发展，综艺节目形态和类型也发生了巨大的变化。中国春节联欢晚会自 1983 年开始在中央电视台播出以来，收获了广泛的好评和影响力，并且开了中国电视综艺节目的先河，引发了电视媒介表达内容和方式的重大变革。“晚会文化”，在相当长的一段时间内引领着中国电视传媒与意识形态互动的潮流。之后的综艺节目经历了几个发展阶段：文艺节目时期、电视真人秀时期、网络综艺节目时期以及新媒体多屏联动时期。综艺节目是当下视听内容的重要组成部分，也被各大平台视为最具竞争优势的收视率、点击率和市场份额占有率的争夺者。信息时代的前行以及制播技术的提升，综艺节目通过自身特点，逐渐发展成当下电视和网络节目的主体，节目形式也在不断创新，并且得到各个年龄层受众的喜爱。

综艺节目经过几十年的发展，节目形态已经日趋成熟，全新的综艺节目不仅掀起了收视狂潮，更为节目制作方和播出机构赢得了前所未有的回报。综艺节目发展前景备受瞩目。然而，就是这样一种所向披靡的视听内容新形态，在制作方面仍然缺乏一套专业系统的节目制作流程体系，专业人才培养迫在眉睫。

国内综艺节目研究大多徘徊在概括性和节目形态分析及发展的层面，目前还没有介绍综艺节目制作流程的教材或专著，本书希望能够填补这部分的空白。全书按照综艺节目制作流程进行分析，结合具体案例，为初学者或刚进入节目组的实习生提供具体可行性的指导。

在本书写作过程中，得到许多行业内一线制作人员的宝贵经验，在此一并致谢，他们是：时冉（中央一套《故事里的中国》总导演）、刘浩（央视创造传媒有限公司制片人）、邵嵬殊（中央一套《挑战不可能》1—5 季外拍执行总导演）、阿苏（东方卫视《欢乐喜剧人》总编剧）、韩凯云（北京千秋岁文化传媒有限公司后期总监）、高翔（爱奇艺《中国新说唱》后期总导演）、赵斌（江苏卫视《匠心传奇》执行总导演）。

基于时代进步，综艺节目还在不断创造新的节目样式，本书仅以部分实际案例作为分析的基础，引导读者初步认识综艺节目制作的流程。随着技术的发展，还会出现越来越多的节目形式，本书仅以目前现有的部分节目作为案例进行分析。结合本人的工作实践经验，总结出的制作流程仅代表个人观点，如有不同见解，恳请广大读者提出并一起探讨。

荀子在《劝学》中说：“吾尝终日而思矣，不如须臾之所学也。”希望本书能为广大立志从事节目制作的同学提供一点帮助，从学习中借鉴、探索出适合自己的节目制作之路。通过以后不断的实践积累，为综艺节目制作专业化贡献自己的力量！

曹 畅

2021 年 8 月

责任编辑：余　谦
装帧设计：秦逸云
责任校对：朱晓波
责任印制：朱圣学

图书在版编目（CIP）数据

综艺节目制作基础 / 曹畅著 . -- 杭州 : 浙江摄影出版社 , 2021.8
北京电影学院视听传媒专业系列教材
ISBN 978-7-5514-3344-0

Ⅰ . ①综… Ⅱ . ①曹… Ⅲ . ①文娱活动—电视节目—制作—高等学校—教材 Ⅳ . ① G222.3

中国版本图书馆 CIP 数据核字 (2021) 第 104162 号

北京电影学院视听传媒专业系列教材
ZONGYI JIEMU ZHIZUO JICHU
综艺节目制作基础
曹 畅 著

全国百佳图书出版单位
浙江摄影出版社出版发行
地址：杭州市体育场路 347 号
邮编：310006
网址：www.photo.zjcb.com
制版：浙江新华图文制作有限公司
印刷：浙江新华印刷技术有限公司
开本：710mm × 1000mm　1/16
印张：9.5
2021 年 8 月第 1 版　　2021 年 8 月第 1 次印刷
ISBN 978-7-5514-3344-0
定价：48.00 元